北大版对外汉语教材·短期培训系列

阅读篇
Readings
II

标准汉语教程

（第二版）

Standard Chinese Course

(Second Edition)

U0362530

主　　编：黄政澄

编　　著：黄政澄　崔永华　郭树军

　　　　　张　凯　张兰欣　陈　宏

审　　校：宋丽娜　郭艳丽　王　凡

　　　　　朱　敏　姜晓红

英文翻译：熊文华

英文校译：罗　斌

北京大学出版社
PEKING UNIVERSITY PRESS

图书在版编目（CIP）数据

标准汉语教程. 阅读篇Ⅱ / 黄政澄主编. —2 版. —北京：北京大学出版社，2008.5
（北大版对外汉语教材·短期培训系列）
ISBN 978-7-301-13567-9

Ⅰ. 标…　Ⅱ. 黄…　Ⅲ. 汉语–阅读教学–对外汉语教学–教材　Ⅳ. H195.4

中国版本图书馆 CIP 数据核字（2008）第 046329 号

书　　　　名：	标准汉语教程（第二版）·阅读篇Ⅱ
著作责任者：	黄政澄　主编
责 任 编 辑：	沈　岚
封 面 设 计：	毛　淳
标 准 书 号：	ISBN 978-7-301-13567-9/H·1966
出 版 发 行：	北京大学出版社
地　　　　址：	北京市海淀区成府路 205 号　100871
网　　　　址：	http：//www.pup.cn
电　　　　话：	邮购部 62752015　　发行部 62750672　　出版部 62754962 编辑部 62752028
印 刷 者：	北京大学印刷厂
经 销 者：	新华书店

787 毫米×1092 毫米　　16 开本　　14 印张　　350 千字
1998 年 6 月第 1 版
2008 年 5 月第 2 版　　2008 年 5 月第 1 次印刷（总第 6 次印刷）

印　　　　数：0001–3000 册
定　　　　价：63.00 元

修订说明

　　这套系列汉语教材由具有多年教学和研究经验的对外汉语专家集体编写，集中了一定阶段对外汉语教学的研究成果和长期的汉语教学实践经验，自 1998 年出版以来，常销不衰，受到外国留学生和汉语教师的普遍欢迎。

　　随着国内外汉语教学事业的不断发展，各种不同类型的新教材大量涌现，但是真正适合不同的教学需求，遵循一定的教学法原则，编写严谨的优秀汉语教材并不是很多。继承和发扬老教材的优良传统，总结以往的经验和成果，并不断推陈出新，从而带动新教材编写质量的提高，是教材出版者的重要使命。

　　本次修订，我们根据广大使用者提出的宝贵意见，将原来的上册 4 册，下册 2 册根据内容和教学的阶段性重新编为语音篇、会话篇（I，II）和阅读篇（I，II），共 5 册。学习者既可以学习全套教材，也可以根据实际需要灵活选用。另外，本次修订，对一些不合时宜的内容进行了替换，加入了一些当前鲜活的语料；对原版教材中的一些错漏和不妥之处，也进行了精心校订。

北京大学出版社

汉语与语言学编辑部

前　言

随着科学技术的发展和国内外汉语教学的实际需要，基础汉语教程的编写不仅要能满足正规的课堂教学的需要，同时也要能满足自学和多媒体教学的需要。《标准汉语教程》正是在这种思想指导下所做的一次探索。

教材总是在一定的教学理论指导下编写的。在认真总结以往各种基础汉语教材编写经验和教学效果的基础上，我们采用结构–情景–功能相结合的方法编写《标准汉语教程》，目的在于使学习者既能较好地掌握汉语最基本的语言结构，又能运用所学到的汉语技能和知识进行相应的社会交际。

《标准汉语教程》语音篇为语音教学阶段，以教声母、韵母和声调为主，突出音节教学，不过多涉及语流教学，使学习者能打下坚实的语音基础。本册教材为进一步巩固音节教学，编写了一些基本、实用的生活用语作为日常会话内容。

《标准汉语教程》会话篇（Ⅰ、Ⅱ）为语法教学阶段，以语法项目为纲，每课选取两三个语法点，在真实的生活场景中，围绕适当的话题组织会话，每课两个场景，相对固定的人物贯穿始终。课文采用对话形式，语言真实、自然、实用。基本语法大致分为三个阶段：

1—10课为多种简单的基本句式；

11—20课为各种补语和动作的态；

21—30课为各种常用的特殊句式。

每课由题解（介绍人物、场景）、课文（会话）、生词、重点句式（课文中能代表所讲授的语法点和具有重要交际功能的句子）、语法、注释（文化背景知识和难词难句解释）和练习七个部分组成。

《标准汉语教程》语音篇及会话篇的内容包括：全部声母、韵母和300多个常用音节；60个左右重点语法项目和70个左右次重点语法项目；700个左

前言

右常用汉字；1200 个左右甲乙级词语。

学完《标准汉语教程》语音篇及会话篇，学习者的汉语听说读写能力可以满足最基本的日常生活、简单社交和有限学习的需要。

《标准汉语教程》阅读篇（Ⅰ、Ⅱ）围绕汉语水平等级大纲中的乙级语法和乙级词汇进行编写。课文内容广泛，涉及家庭、婚姻、人口、健康、地理、历史、文化、科技等领域。固定人物贯穿始终。每课由课文、生词、注释、词语例解、语法、阅读、练习七个部分组成。全书语法项目 100 多个，生词 2200 个左右（其中阅读课文生词 700 个左右）。

学完《标准汉语教程》阅读篇（Ⅰ、Ⅱ），学习者将具有汉语水平等级标准二级的听说读写能力，具有通过 HSK 中级的汉语能力。

在《标准汉语教程》编写的过程中，有关部门曾两次召开专家咨询评议会。与会专家既充分肯定了教材的新意和长处，又诚恳地提出了宝贵的修改意见。会后，编者根据专家们的意见进行了认真的修改。没有他们的宝贵意见就没有现在的教材。我们向他们表示衷心的感谢，同时我们也诚恳地期待着国内外专家学者对本教材提出宝贵意见。

编　者

Preface

W ith the development of scientific technology and TCFL, the Chinese language textbook has to meet the needs of the students on self-study basis or multi-media teaching, except the traditional classroom teaching. The *Standard Chinese Course* is the one as it requires.

A textbook is mostly compiled based on a certain teaching theory. Learned from various previous TCFL textbooks, integration of structure, situation and function is the principle adopted in compiling the *Standard Chinese Course*. The target is to make the learners have a good command of Chinese language and communicate in Chinese for daily use.

The *Standard Chinese Course on Phonetics* is with emphasis on initials, finals and tones. Syllable teaching is stressed, sandhi teaching is ignored for the learners to lay a stable foundation of Chinese phonetics. Some basic expressions for daily use are compiled for the learners to consolidate what they have learnt.

The *Standard Chinese Course on Conversation* (*I*, *II*) is with emphasis on the grammar teaching. Two or three grammatical items are selected in each lesson and practiced in simulated environments related to the appropriate topics. The dramatis personae remain the same through all the conversations. The grammar items are categorized as follows:

Lesson 1 to 10 is the basic sentence patterns;

Lesson 11 to 20 is all kinds of complements and tenses;

Lesson 21 to 30 is the special sentence structures.

Each lesson consists of seven parts: the introduction (of the relevant characters or scenes), text (conversation), new words, key structures (parallel with the

前言

grammatical points and structures involved in the lesson), grammar, notes (for cultural background information, difficult words and structures), and exercises.

The *Standard Chinese Course on Phonetics and Conversation* included: the initials and finals and more than 300 commonly-used syllables, about 60 primary and 70 secondary grammatical items, 700 commonly-used Chinese characters and 1200 words and expressions.

Having finished the *Standard Chinese Course on Phonetics and Conversation*, learners are supposed to be able to conduct the basic communication in their daily life.

The *Standard Chinese Course on Reading* (I, II) are compiled based on the second level of grammar and vocabulary of HSK syllabus. And the texts have a wide range of topics, such as family, marriage, population, health, geography, history, culture, science and technology, etc. And the dramatis personae remain the same through the entire textbook, which is composed of seven parts: texts, new words, notes, usage of words, grammar, reading and exercises. More than 100 grammatical items and 2200 new words (about 700 new words are from the reading texts) are included.

Having finished *Standard Chinese Course on Reading* (I, II), learners are expected to reach the intermediate level of HSK in their listening, speaking, reading and writing.

In the course of compiling this book, two appraisal meetings were held, during which the experts had given us both favorable comments and suggestions. This is the improved version. We extend our heartfelt thanks to their comments and suggestions, and your further comments are always welcome.

The Compilers

目 录 Conents

第一课 Lesson 1

课文 Text

水，生命之源
Water，the Origin of Life

（杰克与某大学环境保护专家张教授的一次谈话）

杰　克：请问，为什么水资源的保护现在成了环境保护中最重要的问题呢？

张教授：这个问题可以从两方面来回答。先讲第一个方面。我们都知道，鱼离开水就不能生存。其实人也离不开水。有人做过专门的研究，结果证明，一个人可以二十几天不吃饭，可是几天不喝水就会死。不仅如此，实际上人更离不开水，因为人只能靠淡水生活，而地球上的淡水却比海水少得多，其中又只

有很少一部分可以被人利用。然而，就是这点有限的淡水资源却每天都在受到破坏和污染，不断地减少。如果有一天，人类终于用完了宝贵的淡水，那就太可怕了。

杰　克：那人类就只好或者回到海洋，或者搬到别的星球去了。

张教授：所以，一定要让每个人都真正了解，水是生命之源，是我们生存的基本条件，而我们已经没有多少水了。

杰　克：这就是说，保护水起码是为了满足人类的生存需要。

张教授：可以这样理解。

杰　克：那第二个方面呢？

张教授：第二个方面，可以说，保护水是人类社会发展的需要。水是物质生产的基本条件。人类古代文明的诞生都离不开水。

杰　克：是啊。中国、埃及、印度、罗马，这四大文明古国其实只有一个母亲，那就是水。

张教授：水是农业和畜牧业的命脉。有了水，才有经济的繁荣和社会的稳定。要是忘了水的重要性，任何社会都不能长期存在下去。事实上，现代社会对水的依赖尤其大，而且需要越来越多的水。然而我们到底有多少水呢？

杰　克：缺水已经成了世界性的问题。听说，在中国，这个问题尤其严重。是不是这样？

张教授：是这样。中国正面临着一个供水危机。这个危机不仅已经影响了中国经济的发展速度，而且威胁着我们这

个人口大国每个人的生命。再这样下去，也许我们很快
就不得不花外汇从国外进口水了。

杰 克：您讲的这些情况确实让人担忧。那么您认为怎么样才能
尽快解决这些问题？中国政府采取了哪些措施呢？

张教授：很抱歉，我等一会儿还要去开一个会，因为时间的关
系，不能详细谈了。简单地说，中国政府已经制定并
正在完善保护水资源方面的法律，但是保护水资源，
仍然需要长期的努力。

杰 克：今天耽误了您这么长时间，真是太抱歉了！谢谢。

张教授：没什么。再见！

杰 克：再见！

词语 New Words

生命	（名）	shēngmìng	life
之	（助）	zhī	a particle
源	（名）	yuán	source
某	（代）	mǒu	some, certain
保护	（动、名）	bǎohù	to protect, protection
专家	（名）	zhuānjiā	expert
谈话		tán huà	to talk
生存	（动）	shēngcún	to exist
专门	（形）	zhuānmén	special
证明	（动、名）	zhèngmíng	to prove, proof

实际上	（副）	shíjìshang	in fact
只能	（副）	zhǐnéng	only
淡水	（名）	dànshuǐ	fresh water
地球	（名）	dìqiú	the earth
海水	（名）	hǎishuǐ	seawater
然而	（连）	rán'ér	however
有限	（形）	yǒuxiàn	limited
破坏	（动）	pòhuài	destroy
污染	（动）	wūrǎn	pollute
宝贵	（形）	bǎoguì	valuable
只好	（副）	zhǐhǎo	have to
海洋	（名）	hǎiyáng	ocean
星球	（名）	xīngqiú	celestial body, heavenly body
起码	（形）	qǐmǎ	minimum
满足	（动）	mǎnzú	to satisfy
物质	（名）	wùzhì	matter, material
诞生	（动）	dànshēng	to be born
古国	（名）	gǔguó	ancient country
农业	（名）	nóngyè	agriculture
畜牧业	（名）	xùmùyè	animal husbandry
命脉	（名）	mìngmài	lifeline
繁荣	（形）	fánróng	prosperous
稳定	（形）	wěndìng	stable

重要性	（名）	zhòngyàoxìng	importance
任何	（代）	rènhé	any
长期	（名）	chángqī	a long period of time
存在	（动）	cúnzài	to exist
事实上		shìshí shang	in fact
依赖	（动）	yīlài	to rely on
尤其	（副）	yóuqí	especially
世界性		shìjièxìng	of the world
面临	（动）	miànlín	to face
供水		gōng shuǐ	to supply water
危机	（名）	wēijī	crisis
速度	（名）	sùdù	speed
威胁	（动）	wēixié	to threaten
外汇	（名）	wàihuì	foreign exchange
国外	（名）	guówài	overseas
进口	（动）	jìnkǒu	to import
担忧	（动）	dānyōu	to worry about
尽快	（副）	jǐnkuài	as quickly as possible
政府	（名）	zhèngfǔ	government
采取	（动）	cǎiqǔ	to adopt
措施	（名）	cuòshī	measure
抱歉	（形）	bàoqiàn	sorry
详细	（形）	xiángxì	detailed

简单	（形）	jiǎndān	simple
制定	（动）	zhìdìng	to work out
完善	（形、动）	wánshàn	perfect
水资源	（名）	shuǐzīyuán	resources of water
法律	（名）	fǎlǜ	law
专名　Proper Nouns			
埃及		Āijí	Egypt
印度		Yìndù	India
罗马		Luómǎ	Rome

 **注释** *Notes*

一、生命之源

　　结构助词"之"在这里用来连接定语和中心语，表示一般的修饰关系，其作用相当于"的"，但仅用于书面，常出现在文艺作品或一般文章的标题中。例如：

The structural particle "之" is equal to "的", used to link the attributive with the headword here. It is only employed in written Chinese, mostly in titles of literary works and common articles, and sometimes used to denote honorary designations, numbers and directions, e.g.:

　　（1）这本小说的名字叫《海之恋》。

　　（2）在中国，如果谁家门口写着"光荣之家"，这家里多半有人当兵。

　　（3）最近我朋友从千里之外给我寄来了一张画。

　　（4）这个国家有四分之一的人口住在沙漠地区。

二、保护水起码是为了满足人类的生存需要

这里形容词"起码"表示最低限度；至少。"起码"前边可以用程度副词"最"修饰，后边可用"也"呼应。可以用在主语和谓语之间，也可以用在主语前边，在句子里作状语。例如：

The adverb "起码", meaning "at least" or "a minimum extent", can be preceded by an degree adverb "最", and followed by "也". It generally functions as an adverbial between a subject and a predicate，or before a subject, e.g.：

（1）他起码也有五十岁了。

（2）我的汉语虽然不太好，可起码比杰克强一点。

（3）要上北京大学，汉语水平考试的成绩起码要三百五十分。

三、等

在这里表示"在……之后"，不是表示自己要等或请别人等候。"等"后边加上时量补语"一会（儿）"构成的短语"等一会儿"常用于口语，作状语，意思是很短一段时间之后。使用时常常可以省略动词"等"。例如：

Here "等" does not mean "wait", but "after". Together with "一会（儿）" it functions as an adverbial in spoken Chinese meaning "for a while". Mostly "等" can be omitted, e.g.：

（1）咱们快到教室去，（等）一会儿就该上课了。

（2）对不起。我（等）一会儿要见个朋友，先走啦。

（3）别着急，飞机（等）一会儿就到。

四、中国政府已经制定并正在完善保护水资源方面的法律

连词"并"就是"并且"，用来连接双音节动词或形容词，也可以连接词组或使用同一个主语的分句，多表示更进一层的意思。例如：

The conjuction "并", the shortened form of "并且", is employed to link two disyllabic verbs or adjectives. When used to connect phrases or clauses carried by the same subject，it express a further relation or action, e.g.：

（1）请你理解并帮助我。

（2）他找出了汽车的问题，并想出了解决的办法。

（3）他迅速并准确地回答了我的问题。

五、真是太抱歉了！

"太……了"这个格式在这里强调程度非常高，带有夸张的语气。"抱歉"的意思是心中不安，觉得对不起别人，是常用的客套话，可以用在需要离开或觉得别人因帮助自己花费了时间、精力以后，在句子里作谓语，前边可以用程度副词修饰，后边可以带补语。例如：

"太……了", loaded with the tone of overstatement, emphasized that something is at a very high degree. The adjective "抱歉", meaning "guilty", is an expression to convey one's apology or gratitude, often used by an halfway-leaving visitor or when somebody helps the speaker at the expense of time and efforts. When used as a predicate, it may be modified by a preceding degree adverb and followed by a complement, e.g.:

（1）非常抱歉，我晚上还要上课，先走啦。

（2）抱歉得很，为这点事耽误了您休息。

词语例解 Words Study

一、实际上

这里名词"实际"与方位词"上"构成一个词组，表示一种客观存在的真实情况或事情、问题的本质。"实际上"在句子里作状语，可以用在主语和谓语之间，也可以用在句子的前边。例如：

"实际上" is formed by the noun "实际" and the locative "上", indicating the existing truth, fact or the essence of an issue. "实际上" serves as an adverbial between a subject and a predicate, or at the beginning of a sentence, e.g.:

（1）听到别人夸奖，中国人心里实际上也很高兴，只是嘴上还要说："哪里哪里。"

（2）这件事你一直没有告诉我，但实际上我早就知道了。

（3）他看起来很年轻，而实际上他已经有六十多岁了。

二、靠

（一）作介词 (preposition)

在句子里与宾语一起构成介宾结构作状语，表示动作、行为所凭借的手段、工具、资料或依据等。例如：

It can be used with the object to form a preposition-object structure, functioning as an adverbial to indicate a means, a tool, the material or basis for an action or behavior, e.g.:

（1）我靠自己的劳动吃饭。

（2）他靠自己的努力取得了公司的信任。

（3）我们必须靠调查研究来发现问题。

（二）作动词 (verb)

1. 倚着、挨近；依靠。可以重叠。常作谓语，可以带宾语和补语、补语一般是由表示处所的介宾结构"在……"构成。例如：

As a verb, "靠" means "lean against" or "depend on". It can be repeated as a predicate, and take an object and a complement formed by locative "在……", e.g.:

（1）那孩子紧紧地靠着妈妈，害怕地望着我。

（2）他正靠在汽车上，手里拿着一支烟。

（3）你们往两边靠靠，让我们过去。

（4）这件事不能全靠我一个人，大家都要想办法。

2. 信赖。不及物动词。常在句子里作谓语，可以带补语。例如：

As an intransitive verb, "靠" means "to rely on", often functioning as a predicate with a complement, e.g.:

（1）大家都不信任他，认为他的话靠不住。

（2）我们的事可以告诉小王，他是个靠得住的人。

三、只好（副词 adverb）

不得不；只得。用在主语与动词或形容词之间作状语，前边一般都有说明原因或情况的语句。例如：

It is an adverb，meaning "have to"，usually used as an adverbial between a subject and a verb or an adjective. The preceding sentence often gives the reason or explanation, e.g.:

（1）因为下雨，我们只好下星期再去旅行。

（2）看见他们俩真的生了气，我只好悄悄离开。

（3）他右手受了伤，只好用左手写字。

四、尤其（副词 adverb）

表示在同类事物中特别突出或与别的事物相比特别突出。常与"是"连用，表示强调。一般用在句子的后一部分。只能作状语。例如：

"尤其" often used with "是"，expresses emphasis. The modified noun usually stands out among the same group of things or same species. Only acting as an adverb, it usually appears at the second part of a sentence, e.g.:

（1）我喜欢音乐，尤其是外国流行音乐。

（2）这次考试大家都考得不错，玛丽的成绩尤其使人高兴。

（3）这里总是非常热闹，尤其是星期天，好像全城的人都跑到这里来了。

五、也许（副词 adverb）

表示对情况的猜测、估计不很肯定。可以用在动词或形容词前边，也可以用在句子的前边作状语。例如：

"也许"，is an adverb used to express one's uncertainty about something. It can precede a verb or adjective or a sentence as an adverbial, e.g.:

（1）他也许早把我忘了。

（2）这样做也许是不对的。

（3）也许我永远也不会回来了。

六、不得不

必须；一定要。作状语。前边一般都有说明原因或情况的语句。例如：

"不得不" denotes the meaning of "have to" and often acts as an adverbial in a sentence, before which a reason or explanation is often stated, e.g.：

（1）对不起。等一会儿我还要见一个人，不得不早点走。

（2）路上车和人都太多，我不得不慢一点。

（3）想到周围的邻居都已经睡觉，我不得不把声音开得小一点。

语法 Grammar

一、然而（连词 conjunction）

多用于书面。连接分句、句子或段落，表示转折，引出和上文相反的意思，或限制、补充上文的意思。如果与"虽然"配合使用，作用与"但是"相当。例如：

The conjunction "然而", mostly found in written Chinese, is used to link clauses, sentences or paragraphs, expressing an adversative relation. It can also act to restrict or complement the context. When used with "虽然", it has the same function as "但是", e.g.：

（1）她是个能干的经理，然而她又是一个好妈妈。

（2）你需要了解她，然而也应该充分了解自己。

（3）这个城市最近经济发展很快，然而环境保护方面的问题却越来越严重。

二、或者……或者

1. 分别用在陈述句中两个并列成分之前，表示只有一个选择。例如：

The structure precedes the two juxtaposed elements in a statement, expressing that only one of the two can work, e.g.：

（1）我们或者明天或者后天一定会去看他。

（2）或者你来，或者我去，咱们这次一定要见面谈谈。

（3）我们这个月只能买一样东西，或者电视机，或者计算机。

2. 连用在多个并列成分前边，表示多种选择。例如：

When used before more than two juxtaposed elements, the structure indicates there are many choices as listed in the context, e.g:

（1）一到周末，大学生们就活跃起来：或者看电影，或者跳舞、或者打球、或者出去旅行，当然也有一些特别努力的学生还在图书馆里读书。

（2）天气刚刚暖和起来，这里就来了许多旅游的外国人。他们或者参观故宫，或者游览长城，或者下了飞机就坐上火车跑到别的地方去了。

三、因为……的关系

介词"因为"与宾语"关系"一起构成介宾结构用在主语前后作状语，表示原因，强调后边陈述的事情与此直接关联。例如：

The preposition-object structure, formed by the preposition "因为" the object "关系", serves as an adverbial in a sentence. It usually appears before or after the subject to express the reason and emphasize that the later-mentioned is directly linked with the reason, e.g.:

（1）因为天气的关系，我们今天不能去旅游了。

（2）小王因为气候的关系整个冬天都在生病。

（3）因为父母的关系，他不能经常去出差。

 练习 *Exercises*

一、熟读下列词语

1. 保护水　　　　保护水资源　　　　保护环境　　　　保护眼睛
　　保护牙齿（yáchǐ）　保护孩子　　　　环境保护　　　　受到保护

2. 满足要求　　　满足需要　　　满足已得到的成绩　　　感到很满足
　　得到满足

3. 任何人　　任何国家　　任何学校　　任何社会　　任何东西
　　任何时间　任何地点　　任何方法　　任何问题　　任何危机
　　任何错误　任何法律　　任何措施

4. 制定措施　　　制定法律　　　制定计划　　　制定政策

二、用"或者……或者……"与下列词语造句

例：中国国家博物馆　　看电影

　　　　周末咱们或者去参观中国国家博物馆，或者去看电影，你决定吧。

1. 西安　　　　桂林　　　　　2. 听讲座　　　去图书馆
3. 找工作　　旅游　　　　　　4. 去游泳　　　去健身房
5. 人口问题　儿童教育问题　　6. 参观四合院　参观鲁迅博物馆

三、用指定词语改写句子

1. 他的钱不多，不能去旅行。　　　　　　　　　　　　（因为……的关系）
2. 她的病很重，看样子她很坚强，其实她心里也很痛苦。　　（实际上）
3. 每个人都要凭自己的劳动吃饭。　　　　　　　　　　　（靠）
4. 三木凭自己的工作能力得到了王经理的信任。　　　　　（靠）
5. 小贞的丈夫为了多赚钱，只能辞职经商。　　　　　　　（只好）
6. 最近一段时间，杰克对很多问题都很感兴趣，特别是对婚姻问题。

　　　　　　　　　　　　　　　　　　　　　　　　　　　　（尤其）

7. 这几个学生的调查报告写得都不错，朱丽叶写得更好。　（尤其）
8. 小贞怕辞职在家会与世隔绝，但她更怕丈夫变心。　　　（然而）

四、将括号中指定词语放在句中合适的位置

1. 电话打不通，A 我 B 给他 C 写了 D 一封信。　　　　　（只好）
2. 她丈夫 A 变了心，B 她 C 跟丈夫 D 离婚了。　　　　　（只好）

3. 这个事故原因没调查清楚，A 我 B 再 C 去 D 调查一下。 （不得不）

4. 小贞如果 A 辞了职，B 得 C 永远 D 靠丈夫生活。 （就）

5. 人类社会从来 A 没离开过水，B 现代社会 C 对水的依赖 D 大。

（尤其）

五、用"大概、可能"填空

1. 请你讲一下这篇课文的＿＿＿＿＿＿内容。

2. 人离开水是不＿＿＿＿＿＿生存的。

3. 如果不搞计划生育，就不＿＿＿＿＿＿控制人口的增长。

4. 你现在先＿＿＿＿＿＿讲一讲，有时间再好好地介绍介绍。

5. 他发生交通事故是完全＿＿＿＿＿＿的，因为他从来不遵守交通规则。

6. 这个人的＿＿＿＿＿＿情况你了解吗？

六、根据课文内容判断下列句子的意思是否正确

1. 地球上的海水比淡水多得多。 （　　）

2. 地球上的淡水越来越少。 （　　）

3. 淡水减少的原因是人们用得多。 （　　）

4. 人类生存的基本条件是水。 （　　）

5. 保护水是为了满足人类的生存需要，满足社会发展的需要。 （　　）

6. 中国是世界上严重缺水的国家。 （　　）

7. 中国很快就得从国外进口水。 （　　）

8. 中国政府正在采取措施保护水资源。 （　　）

9. 张教授介绍了中国政府保护水资源的法律。 （　　）

七、讨论题

1. 请讲一讲水的重要性。

2. 为什么要保护水？

3. 你们国家的水资源怎样？你们国家是怎样保护水资源的？

大 熊 猫

　　大熊猫是一种非常古老的野生动物，远在我们人类出现前的恐龙时代，它就已经在地球上活动了。大熊猫是一种只有中国才有的珍稀动物，因此，中国人把它看成"国宝"。然而，由于自然环境的变化和人类活动的影响，大熊猫的生存正在受到越来越严重

的威胁。根据20世纪80年代的调查，当时还活着的大熊猫只有一千多只了。

　　最近这些年，保护大熊猫的工作已经引起中国政府、自然环境保护组织和野生动物研究机构的高度重视。在四川西部、陕西和甘肃南部等大熊猫的家乡，人们正在进行大规模的抢救和科学研究工作，并且已经收到了一定的效果。

　　更让人高兴的是，现在，保护大熊猫已经不只是政府和科学研究部门的事，许多人都把抢救和保护大熊猫当做自己的事。20世纪80年代，大部分有大熊猫活动的地区出现了竹子开花，大熊猫找不到食物的严重情况，有些地区的大熊猫开始下山到别的地方找食物，有的地方还发现了饿死的大熊猫。这个消息震动了整个中国。当时，到处都出现了保护大熊猫的活动，很多人给野生

动物保护组织送钱送东西，有的帮助出主意想办法。当时还流传过一首动人的歌："请让我来帮助你，就像帮助我们自己，这世界会变得更美丽。"消息传到了国外，许多国家上到国家领导下到小学里的孩子也都通过各种方式帮助抢救大熊猫。为了解决大熊猫的天然食物——竹子开花的问题，大熊猫生活的主要地区之一四川省美姑县专门组织了四十八个专业人员进行调查研究。他们走遍了大熊猫家乡所有的地方，对大熊猫吃的五种主要竹子进行了认真的科学研究。结果发现，那里的一部分竹子开了花，而另外一部分竹子正受到毒蛾的危害。根据这种情况，政府有关部门一方面马上组织人力为竹子喷撒白僵菌扑灭毒蛾，另一方面再次组织人专门研究防治竹子开花的办法，并同时采取措施，严禁砍竹子挖竹笋。除了美姑县外，其他大熊猫活动的地区也组织了对竹子的抢救工作。经过各方面的努力，对竹子的危害终于得到了控制。

在保护大熊猫的活动中，还流传着这样一个感人的故事。一天，青年木古回家时忽然听见草丛里有一种奇怪的声音，他先是吓了一跳，仔细看时，原来是一只大熊猫躺在草丛里，又饿又病，已经站不起来了。木古知道这是"国宝"，可他只有一个人，而这只大熊猫又很大。怎么办？先回去叫人吧，恐怕这只大熊猫受到别的意外伤害。木古只犹豫了一会儿，就背上大熊猫，踏上了回家的山路。当木古满头大汗地把大熊猫背回家里，妻子先是赶快跑去请人打电话通知政府，又回到家里为大熊猫做了米汤。等米汤凉了，夫妻俩一个抱住大熊猫的头，一个把米汤往它嘴里喂。就这样，木古和他的妻子像对自己的孩子一样照顾着这只大熊猫，直到专门的抢救人员赶到。

阅读课文词语表 *Vocabulary for the Reading Text*

大熊猫	（名）	dàxióngmāo	giant panda
恐龙	（名）	kǒnglóng	dinosaur
珍稀	（形）	zhēnxī	rare
国宝	（名）	guóbǎo	national treasure
调查	（动）	diàochá	to investigate
组织	（动、名）	zǔzhī	to organize, organization
机构	（名）	jīgòu	organization
高度	（形）	gāodù	high
重视	（动）	zhòngshì	to attach importance to
大规模		dàguīmó	large scale
抢救	（动）	qiǎngjiù	to rescue
效果	（名）	xiàoguǒ	effect
竹子	（名）	zhúzi	bamboo
开花		kāi huā	to blossom, to flower
食物	（名）	shíwù	food
饿死		èsǐ	to die of hunger
震动	（动）	zhèndòng	to shake
县	（名）	xiàn	county
毒蛾	（名）	dú'é	tussock moth
危害	（动、名）	wēihài	to harm, harmfulness
喷撒	（动）	pēnsǎ	to spray

白僵菌	（名）	báijiāngjūn	batryis
扑灭	（动）	pūmiè	to extinguish
防治	（动）	fángzhì	to prevent and cure
严禁	（动）	yánjìn	strictly forbid
竹笋	（名）	zhúsǔn	bamboo shoot
草丛	（名）	cǎocóng	a thick growth of grass
吓了一跳		xià le yí tiào	to be scared by sth
背	（动）	bēi	to carry on back
踏	（动）	tà	to walk on
山路	（名）	shānlù	mountain path
满头大汗		mǎn tóu dà hàn	sweat all over
回到	（动）	huídào	to return
米汤	（名）	mǐtāng	rice soup
凉	（形）	liáng	cool
直到	（动）	zhídào	until
赶到	（动）	gǎndào	hurry to

专名　Proper Nouns

四川	Sìchuān	Sichuan Province
陕西	Shǎnxī	Shanxi Province
美姑	Měigū	name of a place
木古	Mù Gǔ	name of a person

阅读练习 *Exercises for the Reading Text*

一、根据课文选择唯一恰当的答案

1. 根据本文，大熊猫在地球上生活的历史（　　　）
   A. 和人类差不多长　　　　　　　　B. 比恐龙还长
   C. 至少和恐龙一样长　　　　　　　D.比人类长一点

2. 根据本文，大熊猫主要生活在几个省？（　　　）
   A. 两个　　　　　　　　　　　　　B. 三个
   C. 四个　　　　　　　　　　　　　D. 五个

3. 根据本文，竹子开花的问题（　　　）
   A. 主要出现在四川省　　　　　　　B. 主要出现在甘肃和四川
   C. 出现在有大熊猫的大部分地区　　D. 出现在四川和陕西

4. 竹子为什么会开花?（　　　）
   A. 是毒蛾造成的　　　　　　　　　B. 是白僵菌造成的
   C. 是人类自己造成的　　　　　　　D. 文章里没有说

5. 木古把大熊猫背回家以后,他的妻子（　　　）
   A. 马上为大熊猫做了米汤　　　　　B. 马上打电话通知政府
   C. 马上请人给政府打电话　　　　　D. 马上给大熊猫喂米汤

二、想一想，说一说

1. 中国人为什么把大熊猫看成是"国宝"?
2. 人们为抢救大熊猫都做了些什么?
3. 木古和他的妻子是怎样抢救大熊猫的?

第二课 Lesson 2

课文　*Text*

长寿秘方
The Secret Recipe for Longevity

来到中国以后，我差不多每天早晨都要去学校附近的一个小树林慢跑。半个多月中，每次都会遇到一男一女两位老人。男的每天只是闭着眼睛站在树下，几十分钟一动不动；女的一般都是先打一会儿太极拳，然后就在附近散一会儿步。有一天，出于好奇，我终于开始了和他们的第一次谈话：

"你们大概是夫妻吧？"

两位老人笑着点点头。并各自做了自我介绍。男的姓刘，是一位大学教授。女的姓李，是一位儿科医生。老两口儿都已经退休了。

我又继续试探："您二位高寿？"

"你说呢？"刘老反问道。

两位老人尽管都已经是满头白发，可看上去行动灵活，说话清楚，毫无老态。

"六十多，不到六十五。"我很有把握地说。

"那是十多年前了。我们都是过了八十的人了。"

"是吗？"我不由得惊叹道。"那你们二老身体可真是棒极了！"我心里又是尊敬，又是好奇，接着问道："那你们一定有一些养生长寿的好方法了？"

"我可没什么养生之道。"刘老说，"我只是一切听其自然，既不为长寿而养生，也不为锻炼而运动。平时想吃什么吃什么，想吃就吃，想睡就睡，没什么讲究。不像有些人老是怕得病，定了很多规矩限制自己。怕这怕那，反而容易得病。"

"你这话也有点儿太绝对。"李老开口了，"小伙子，他说的也并不都对。其实，他也有他的一套，只不过习惯成自然，不觉得罢了。比方说，他每天在那个树林里站着，就是在练一种气功。还有，他虽然饮食比较随意，但主要还是吃素食，而且定时定量，从不吃零食。"

"那您自己有些什么经验呢？"

"要说长寿秘方，我倒是有一条，那就是你为社会、为他人做的越多，你就越感到一种满足，这样才能长期保持心理健康。我爱我的那些病人，那些孩子们，每当我又救活了一个孩子，都能享受到一种说不出来的快乐。"

"那您吃什么补药不吃？"我换了个话题。

"吃什么补药哇？我相信这样一句话：运动可以代替药物，可药物却不能代替运动。"

告别了两位老人，我心里想，他们的养生长寿之道其实也很简单，那就是运动、有规律的生活和保持心理健康，而这最后一条最重要：永远做一个对社会有用的人，为社会、为他人贡献自己的一份力量。

我想，这就是他们最宝贵的经验吧。

词语 New Words

长寿	（形）	chángshòu	long life
秘方	（名）	mìfāng	secret recipe
早晨	（名）	zǎochen	morning
树林	（名）	shùlín	woods
慢跑		màn pǎo	to jog
闭	（动）	bì	to close
树下		shùxià	under a tree
一动不动		yí dòng bú dòng	motionless
出于	（动）	chūyú	to start from
好奇	（形）	hàoqí	curious
点头		diǎn tóu	to nod

儿科	（名）	érkē	paediatrics
老两口	（名）	lǎoliǎngkǒu	old couple
退休	（动）	tuìxiū	to retire
试探	（动）	shìtàn	to sound out
高寿	（名）	gāoshòu	how old are you (only used with an Aged person)
尽管	（副、连）	jǐnguǎn	despite, although
满头白发		mǎn tóu bái fà	white haired
行动	（动、名）	xíngdòng	to act, action
灵活	（形）	línghuó	dexterous and quick in action
毫无		háowú	not at all
老态	（名）	lǎotài	doddering
把握	（动、名）	bǎwò	to have certainty, certainty
不由得	（副）	bùyóude	cannot but
惊叹	（动）	jīngtàn	to exclaim with admiration
棒	（形）	bàng	excellent
尊敬	（动）	zūnjìng	to respect
养生	（动）	yǎngshēng	to keep in good health
养生之道		yǎngshēng zhī dào	the way to preserve one's health
听其自然		tīng qí zìrán	let matters slide
运动	（动、名）	yùndòng	to exercise, sports
讲究	（动、形）	jiǎngjiu	to be particular about
老是	（副）	lǎoshì	always

得病		dé bìng	to be ill
定	（动）	dìng	to work out
限制	（动、名）	xiànzhì	to place restrictions on, limit
绝对	（名）	juéduì	absolute
开口		kāi kǒu	to begin to speak
小伙子	（名）	xiǎohuǒzi	young man
一套		yí tào	one's own way
罢了	（助）	bàle	a particle
比方说		bǐfang shuō	for instance
气功	（名）	qìgōng	deep breathing exercises
饮食	（名）	yǐnshí	diet
随意		suí yì	as one pleases
素食	（名）	sùshí	vegetarian diet
定时	（动）	dìngshí	fixed hour
定量	（动）	dìngliàng	fixed quantity
从不		cóngbù	never
零食	（名）	língshí	between-meal nibbles, snacks
经验	（名）	jīngyàn	experience
他人	（代）	tārén	others
心理	（名）	xīnlǐ	psychology
健康	（名）	jiànkāng	health
病人	（名）	bìngrén	patient
每当		měi dāng	whenever

救活		jiùhuó	to bring someone back to life
说不出来		shuō bu chūlái	unable to express
补药	（名）	bǔyào	tonic
句	（量）	jù	a measure word
代替	（动）	dàitì	to substitute
药物	（名）	yàowù	medicine
告别	（动）	gàobié	to say good-bye to
规律	（名）	guīlǜ	regular pattern
有用	（形）	yǒuyòng	useful
贡献	（动、名）	gòngxiàn	to contribute, contribution
力量	（名）	lìliang	strength
专名 Proper Nouns			
刘		Liú	a surname
李老		Lǐ Lǎo	Mr. Li

注释 Notes

一、老两口儿都已经退休了

这里"两口儿"指夫妻俩，"老两口儿"即指文中那对老年夫妻。"两口儿"也说成"两口子"。例如：

"两口儿"，or "两口子"，means "a married couple". Here "老两口儿" refers to the old couple in the text，e.g.：

（1）小两口刚结婚，整天同进同出，亲热极了。

（2）他们老两口儿结婚都四十年了。

二、"二位高寿?"

"高寿"是含恭敬口吻的用语，仅用于询问老人的年纪。只作谓语，不带补语，句子里也不用动词。例如：

"高寿", a polite expression for asking about the age of old people, only acts as a predicate without a verb and a complement followed in the sentence, e.g.:

　　甲：老大爷，您今年高寿？
　　乙：七十了。

三、刘老反问道

名词"老"在这里是对老年人的一种尊称。同样的用法如：

The noun "老", is used after a family name to show one's respect for an old person. Similar sentences are:

　　(1) 李老您慢走，我不送了。
　　(2) 我想从你们二老这儿学习点长寿养生的经验。

四、怕这怕那，反而容易得病

指示代词"这"、"那"并列地用在一个句子里，作重复使用的同一个动词的宾语，前后呼应，表示不确指或泛指一切事物。"怕这怕那"相当于什么都怕。例如：

The demonstrative pronouns "这" and "那" can be used juxtoposedly in a sentence and act as the object of a repeated verb to express unsureness or general reference. Thus "怕这怕那" means "worry about everything". The following sentences has the similar expressions:

　　(1) 玛丽到了玩具店，摸摸这，摸摸那，高兴得不想走了。
　　(2) 你刚来公司工作，做好自己的事就行了，不要问这问那的。
　　(3) 两个姑娘碰到一起，说说这，说说那，好得不得了。

五、比方说，他每天在那个树林里站着，就是在练一种气功

"比方说"在这里是插说，即它并不是句子的结构所必需的，与句子里

的各个成分没有结构上的关系。它的作用是通过举例进行补充说明的发端语。其他用于举例的词语还有：例如、比如、如等。例如：

"比方说"，also known as "例如"，"比如"，"如"，is not an essential element for a complete sentence because it has no bearing with the other elements in the sentence. It mainly serves as a filler word to list more examples. The following sentences are some examples:

（1）我的很多朋友都喜欢中国武术。比方说，昨天来过的那个小伙子太极拳就打得好极了。

（2）我们这儿文学刊物很多。例如：《诗刊》、《散文百家》、《小说月刊》等等。

（3）长江以南的许多地方冬天很少下雪。比如：广东、福建、湖南、江西等等。

（4）一般工具书不能带出图书馆。如：各种词典、百科全书、地图集等等。

词语例解 Words Study

一、差不多

（一）作副词

表示与某种情况或程度相差很少，十分接近某种情况或程度。用在动词、形容词前边作状语。例如：

The adverb "差不多", meaning "almost" or "nearly", serves as an adverbial before a verb or an adjective. When appearing before a numeral-measure phrase, it forms a simplified expression with the verb omitted, e.g.:

（1）他在这里差不多学了两年汉语。

（2）河里的水差不多全干了。

（3）这孩子差不多（有）十五岁了。

（4）他学了差不多（有）三年英语。

（二）作形容词

1. 一般，大多数。不受程度副词修饰。作定语时要带"的"。例如：

As an adjective which can work without an degree adverb, it means "general" or "most", usually used together with "的" as an attributive with a subject, e.g.:

（1）公司里差不多的工作我都能干。

（2）这里差不多的人都认识他。

（3）市场上差不多的东西都涨价了。

2. 相差很少，相近。不受程度副词修饰。作谓语。例如：

It serves as the predicate, without the degree adverb as a modifier, meaning "close to" or "approximate to", e.g.:

（1）他们俩的汉语水平差不多。

（2）兄弟俩长得差不多。

（3）这两种菜的价钱差不多。

3. 接近完成或结束；接近于某种程度或标准。作程度补语，前边要带"得"，句子后边常带语气助词"了"。也可以作谓语，句子后边也要带"了"。例如：

It also means "nearly complete" or "almost finished" denoting the approximaty to a certain degree or a standard, used as a complement of degree with a foregoing "得" and a closing particle "了", e.g.:

（1）这本书我看得差不多了。

（2）这个工程已经进行得差不多了。

（3）病人：这温度计要试几分钟？

护士：五分钟。

病人：（现在）差不多了吧。

护士：好了。拿出来吧。我看看。三十七度八。

二、棒极了 (形容词 adjective)

强壮极了；好极了。带有夸奖的语气和很强的感情色彩。前边可以用语气副词修饰。

This expression "……极了" can be preceded by a modal adverb, meaning extremely. Usually, the speaker or user of the word are trying to compliment or filled with strong emotion.

1. 作谓语。例如：

As a predicate, e.g.:

（1）他身体真是棒极了。

（2）这小伙子棒极了。

（3）他的英语确实棒极了。

2. 作程度补语，前边要用"得"。例如：

As a complement of degree with a foregoing "得", e.g.:

（1）他篮球打得棒极了。

（2）他画得简直棒极了。

（3）你演得真是棒极了。

三、老是（副词 adverb）

常用于口语，意思相当于"总（是）"表示一直、长久、经常处于某种状态。在句子里只作状语。"是"可以省略。例如：

This adverb，often for colloquial use，meaning "always" and denoting a lasting state，is same as "总（是）", used only as an adverbial in a sentence with "是" omitted, e.g.:

（1）他这个人，老（是）爱开玩笑。

（2）你老（是）不来，人家都着急了。

（3）最近我老(是) 得病，没上几天班。

四、从不（副词 adverb）

表示从过去到现在都不，从来不；一直不、一向不，与总（是），老（是）的意思正好相反。在句子里作状语。例如：

"从不" is the antonym of "总是", serves as an adverbial in a sentence with the meaning of "never", e.g.:

（1）我每天都准时上班，从不迟到。

（2）这个小伙子无论遇到什么事都从不害怕。

（3）这个人什么事都自己做，从不给人找麻烦。

五、零（形容词 adjective）

细小、琐碎的；小数目的；不完整的；正常事物以外的。前边不用副词修饰。常用在固定词组中或用作语素构成合成词。作定语或状语。后边不用"的"与中心词连接。例如：

This adjective, meaning "small", "fractional amount" or "incomplete", can be used in fixed phrases and as a stem in compounds. It can serve as an attributive or an adverbial without a foregoing adverb, and its link with the headword can work without "的", e.g.:

（1）除了每天三顿饭，不要给孩子吃零食。

（2）每月拿到工资以后，我只留一点零用（钱），其他都存银行。

（3）出门旅行一定要准备点儿零钱。

语法 Grammar

一、数词"一"构成"一……一……"

数词"一"构成"一……一……"的格式用于连接相反的方位词、形容词等，表示相反的事物成对地、对称地、互相对照地存在或出现。例如：

The numeral "一" can form the structure "一……一……" to link two locatives or adjectives with opposite meaning, indicating that the two opposite things coexist correspondingly, symmentrically or in pairs. Here are some more examples:

（1）过去我们夫妻俩一南一北，远隔千里，见了面总有说不完的话。

（2）路边站着一老一少两个男人，老的是个农民模样，不说话，只是咳嗽；少的却是学生打扮。

（3）大李住三楼，小李住二楼。一大一小两个李一上一下做起了邻居。

二、短语"看上去"

短语"看上去"是插说，不是句子的结构所必需的，与句子里的各个成分没有结构上的关系，但却表示了说话人对情况的推测、估计，给句子所描述的内容增加了一层主观色彩。"上去"作为"看"的补语使用的是引申义，意思是从事物的表面状况看；看样子；看起来。又如：

The phrase "看上去", similar to a filler word, is not an essential part of the sentence structure and has no bearing with the other elements in the sentence. It expresses the speaker's subjective estimate. "上去" is used in an extended way as a complement of the verb "看". The whole phrase means "it seems...", e.g.:

（1）这辆汽车看上去已经跑了十几万公里了。

（2）王丽已经是两个孩子的母亲了，可看上去还跟没结过婚一样年轻。

（3）这张画看上去像是李可染的作品。

三、既……也……

连接两个动词性或形容词性成分，陈述同一个主语，表示两种情况并存。可以用于并列复句，也可以用于紧缩句。例如：

"既……也……" is used to connect two verbal or adjective phrases governed by a common subject, indicating the co-existence of things. It can also be used in a coordinating complex sentence or a contracted sentence, e.g.:

（1）这个饭馆的菜既有两三百块钱的，也有一二十块钱的。

（2）这种方法既省钱也省时间。

（3）这个房间既不冷，也不热。

四、想吃什么吃什么

在汉语中，尤其是口语里，有大量的紧缩句是不用关联词语的。因此这种句子究竟表达的是什么意思常常要由上下文或语言环境来决定。一般情况下，如果在一个紧缩句里有某些助动词，如"该"、"能"等或某些表示心理活动的动词，如"想"、"愿意"等，后边重复使用一个谓语动词和一个表示任指的疑问代词，这个句子通常与"只要……就……"的作用和语义相当，是一个充分条件句，即前一个动词和疑问代词表示一种特定的充分条件，后一个动词和疑问代词表示由这种条件引出的结果。例如：

In Chinese, especially in spoken Chinese，there are many contracted sentences without any conjunctions. The meaning of such a sentence can only be worked out from the context. Generally，if it contains a modal verb like "该" or "能"，or a verb denoting psychological state like "想" or "愿意"，with a repeated verb and an interrogative for general reference followed, it is equal to "只要……就……" an function and meaning and regarded as a full conditional sentence, i.e. for the first verb and interrogative pronoun indicate the a certain and necessary condition and the second shows the result led by the condition, e.g.:

（1）你该干什么干什么去，别老待在我这儿。

（2）他这个人一向就是想怎么干就怎么干，从不考虑别人的意见。

（3）我愿意去哪儿去哪儿，不用你管。

（4）这次口试，你能说多少说多少，不用害怕。

五、把……当做……

动词"当做"（读作 dàngzuò）与介词"把"构成"把……当做……"格式，表示主观上对某人或某物的看法或认识，即主观上把甲看成是乙，或认为甲就是乙。例如：

The pattern "把……当做……"，formed by the preposition "把" and the verb "当做"（dàngzuò），indicates personal judgement on a certian people or things，i.e.，A is taken as B or B as A from a personal view, e.g.:

（1）我一直把你当做朋友，没想到你会对我做出这种事来。

（2）他已经长大了，再不能把他当做小孩子了 。

（3）老师把每一个学生都当做自己的孩子。

练习 *Exercises*

一、熟读下列词语

1. 尊敬老师　　　尊敬领导　　　尊敬家长　　　　受到尊敬

2. 订规矩　　　　订法律　　　　订计划　　　　　订措施　　　　订婚

3. 保持健康　　　保持卫生　　　保持整洁　　　　保持联系

　　保持水土　　　保持得不错

4. 贡献力量　　贡献知识　　贡献自己的才能　　贡献自己的一切
　　贡献出自己的生命　　　　把……贡献出来　　　为……做出贡献

二、将"差不多"放在下列句子中合适的位置

1. 现在 A 市场上的 B 东西 C 都 D 涨价了。
2. 他 A 开车技术 B 很高，各种车辆 C 都 D 会开。
3. A 在大家的努力下，B 这件工作 C 干得 D 了。
4. A 这本练习题我 B 快 C 做完 D 了。
5. A 这场球赛 B 快 C 结束 D 了。
6. 到本世纪中叶，A 中国 B 65 岁以上的老人 C 将达到 D 3 亿。
7. 她 A 辞职以后，B 依靠丈夫生活，整天 C 待在家里，D 与世隔绝了。

三、用指定词语改写句子

1. 我没锻炼过身体，可我的身体一直不错。　　　　　　（从不）
2. 他们夫妻俩感情一直都很好，没吵过架。　　　　　　（从不）
3. 他不习惯北京的干燥气候，所以总觉得不舒服。　　　（老）
4. 小贞的丈夫总希望她辞职，把家管好。　　　　　　　（老是）
5. 你整天呆在家里，会与世隔绝的。　　　　　　　　　（老是）
6. 他虽然已过五十了，可看样子还很年轻。　　　　　　（看上去）
7. 这幅画虽然是复制品，不是原作，可跟真的一样。　　（看上去）
8. 他们俩从博物馆出来，一个往南，一个往北，回家了。

　　　　　　　　　　　　　　　　　　　　　　　　（一……一……）

9. 你看，这两条裤腿不一样长。　　　　　　　　　　　（一……一……）

四、用指定词语造句

1. "既……又……"或"既……也……"

例：中文　　英文

　　　我既不懂中文，也不懂英文，怎么能给你们当翻译呢？

　（1）听说　　　读写　　　　　　（2）注意语法　　注意声调

（3）朋友　　　老师　　　　　　（4）便宜　　好看

（5）聪明　　　努力　　　　　　（6）想过舒服的生活　　怕丈夫变心

（7）漂亮　　　贤惠　　　　　　（8）不想离婚　想有些什么变化

（9）看到缺点和不足　看到成绩　（10）悲惨　　动人

2. 把……当做……

例：他　　　朋友

　　我一直把他当做好朋友，可他并没把我当做朋友。

（1）孩子　　　　　知心朋友　　　（2）你的事　　　　自己的事

（3）我的妻子　　　好朋友　　　　（4）孩子　　　　　大人的镜子

（5）独生子女　　　小皇帝　　　　（6）黄帝和炎帝　　祖先

（7）谐趣园　　　　世外桃源　　　（8）运动　　　　　药物

（9）他　　　　　　自己人　　　　（10）保护环境　　　工作

五、用指定词语完成句子

1. 你身体不好，要加强营养，_____。　（想……什么……什么）

2. A：这个问题应该怎么回答？

　　B：你_____。（想怎么……就怎么……）

3. 你别看电视了，_____，好不好？（该……什么……什么）

4. A：你看我买哪件好？

　　B：你_____，不用问我。（愿意……哪……就……哪……）

5. 今天你_____，不要怕胖。（想……多少……多少……）

六、根据课文内容判断下列句子的意思是否正确

1. "我"常常去小树林里打太极拳。　　　　　　　　　　（　　）

2. 刘教授每天在小树林里练气功。　　　　　　　　　　（　　）

3. 李医生现在在医院工作。　　　　　　　　　　　　　（　　）

4. 老两口现在六十多岁。　　　　　　　　　　　　　　（　　）

5. 老两口怕得病，所以常常锻炼。　　　　　　　　（　　）

6. 李医生的长寿秘方是为社会多做贡献。　　　　　（　　）

7. 运动、有规律的生活和保持心理健康是养生长寿之道。（　　）

七、讨论题

1. 你常常锻炼身体吗？你喜欢什么运动？

2. 你为什么要锻炼身体？

3. 你的生活有没有规律？

4. 你认为人怎样才能长寿？

阅读课文 *Reading Text*

长寿和养生

　　长寿和养生一直是中国传统文化中生命科学的重要内容。人都有生的快乐，也都面临着死的威胁。因为对生命的爱，人人都希望能不死，追求长寿。在中国，经过几千年，人们的这种追求慢慢形成了一种传统文化。其中，古代的道家、佛家、儒家的影响最大，最深。

　　道家的养生法，是中国人自己创造的最早的长寿理论和方法。它的哲学基础就是老子"清静无为"的思想。"清静"要求人们放弃各种欲望；"无为"指的是不要有意识地努力去追求什么，不要怕死，也不必追求长寿，一切听其自然。所以，道家一部分人认为生命就是要静养。他们相信，要长寿，人与自然，人的意识心理与人的身体之间就一定要互相沟通、互相补充，最后实现平衡并合成一体。道家还有一部分人认为，人的意识心理和身体都应当锻炼，以静为主，动静结合。中国道家气功有很多种，各家的方法也不同，但根本道理却是一样的。

随着佛教从印度流传到中国，佛家的养生法也慢慢流传到了中国，并且和中国传统的养生法相结合，变成了中国传统长寿文化的一部分。按照佛教的理论，生、老、病、死是人们生活中一切痛苦的根本原因，但这些问题本来并不存在，都是人在自己心里造出来的。所以养生的根本方法，就是要认识到人或早或晚，总是要死，但死就是生，生也是死，本来都不存在，这样也就无所谓生死了。人如果能把生、老、病、死这些人间痛苦都忘了，人们的生活就会变得轻松而愉快，自然就会身心健康，当然也就可以长寿了。

中国的儒家也主张静养，放弃各种危害身心健康的欲望。年轻人思想不成熟，这时应该在事业方面努力，在吃喝玩乐、男女情欲方面注意控制；中年人身心成熟，在社会和家庭中也有了地位，这时不要为名利与人争斗；进入老年后，身心都没有过去好了，就要静下来在家修养，不必为以前的成绩骄傲，也不必为现在做不成什么事而灰心丧气，更不要对未来抱太多的幻想。总的来说，儒家既要求人在社会上做出贡献，又希望人们通过静养达到身心平衡。所以，儒家的养生法十分讲究人的一切思想感情活动和行为都要适度，就是既充分努力又不能过分，否则就会破坏人整个身心各个部分的平衡，使人得病，不能长寿。

中国的传统医学主要以道家理论为基础，认为人的各个脏腑互相联系、互相作用，构成了一个完整的生命系统。人的生命系统又和自然系统按照统一的规律互相联系，互相作用。因此，中国传统医学的养生法也主张静养，使人的生命和自然合成一体。另外，中国传统医学十分重视控制饮食，并根据不同的季节和每个人的具体情况用药滋补身体。

　　根据上面的简单介绍，我们可以清楚地看出，在中国传统的养生文化中，不同的理论和方法都特别重视人的心理修养。换句话说，人要想长寿，最重要的是心理要健康，气功是各种养生方法中最重要的一种，而各种不同的气功最根本的理论，就是怎样才能通过自我修养使人保持健康的心理状态。

 ## 阅读课文词语表 Vocabulary for the Reading Text

养生法	（名）	yǎngshēngfǎ	the way to keep in good health
理论	（名）	lǐlùn	theory
哲学	（名）	zhéxué	philosophy
清静	（形）	qīngjìng	quiet
无为	（动）	wúwéi	let things take their own course
放弃	（动）	fàngqì	to give up
欲望	（名）	yùwàng	desire
意识	（名）	yìshi	consciousness
静养	（动）	jìngyǎng	to rest quietly to recuperate
沟通	（动）	gōutōng	to link up
一体	（名）	yìtǐ	oneness
以……为主		yǐ……wéizhǔ	mainly
结合	（动）	jiéhé	to combine
根本	（形）	gēnběn	fundamental

痛苦	（形）	tòngkǔ	pain
无所谓	（动）	wúsuǒwèi	no difference between
成熟	（动、形）	chéngshú	ripe
吃喝玩乐		chī hē wán lè	to enjoy food, wine and be merry
情欲	（名）	qíngyù	sexual desire
地位	（名）	dìwèi	status
名利	（名）	mínglì	fame and gain
争斗	（动）	zhēngdòu	to struggle
幻想	（动、名）	huànxiǎng	under an illusion
总的来说		zǒngde láishuō	generally speaking
行为	（名）	xíngwéi	behaviour
适度	（形）	shìdù	appropriate
脏腑	（名）	zàngfǔ	internal organs
完整	（形）	wánzhěng	complete
系统	（名）	xìtǒng	system
季节	（名）	jìjié	season
滋补	（动）	zībǔ	nourishing

专名　Proper Nouns

道家	Dàojiā	Taoism
佛教	Fójiào	Buddhism
佛家	Fójiā	Buddhism
儒家	Rújiā	Confucianism
老子	Lǎozǐ	name of a person

阅读练习 *Exercises for the Reading Text*

一、根据课文选择唯一恰当的答案

1. 中国哪一种养生理论历史最长？（　　）
   A. 道家的　　　B. 佛家的　　　C. 儒家的　　　D. 中医的

2. 根据本文，道家的养生法（　　）
   A. 要求人们想办法活得长一些
   B. 要求人们不考虑生死
   C. 认为人们不必锻炼身体
   D. 认为人不可能长寿

3. 哪一种养生法学习了外国人的理论？（　　）
   A. 佛家　　　B. 道教　　　C. 儒家　　　D. 中医

4. 根据佛家的理论（　　）
   A. 人死是病造成的　　　　　B. 人有病就会老
   C. 人忘了病就不会有病　　　D. 人都会得病

5. 中国传统医学的理论是从哪儿来的？（　　）
   A. 儒家　　　B. 佛家　　　C. 印度　　　D. 道家

二、想一想，说一说

1. 儒家认为年轻人应该怎样养生？
2. 中医的养生理论是什么？它和西方医学的理论有什么不同？
3. 中国传统养生法的最大特点是什么？

第三课 Lesson 3

课文 *Text*

龙
Dragon

最近学校为中外学生举办"中国文化讲座"，今天下午由中文系何方教授讲"龙与中国文化"，地点在教学大楼216教室。杰克和朱丽叶今天正好有事儿来找玛丽，所以三个人一起去听讲座。

他们一到那儿，发现能坐一百多人的教室里已经坐得满满的了，三个人好容易才找到了座位。

讲座开始了。何教授说，龙在中国至少已有六千多年的历史了。龙是什么样子呢？根据传说，龙是一种很神奇、本领很大的动物，它有角，有鳞，有脚；能走，能飞，能游泳，能上天入海，也能兴风降雨。其实，世界上根本就没有龙这种动物。它是古时候生活在黄河流域的中国人的图腾崇拜物，是人们自己创造出来的。

由于龙很神奇，本领很大，在中国长期的封建社会中，它成了皇帝权力的象征。皇帝的身体叫"龙体"，皇帝穿的衣服叫"龙袍"，坐的椅子叫"龙椅"，睡觉的床叫"龙床"。在北京故宫里，地上、房顶上、门窗上，到处都画着龙，皇帝住的、用的、穿的也都跟龙有联系，故宫成了"龙的世界"。

除了象征皇帝权力的龙以外，在民间，中国老百姓按照自己的感情和愿望塑造出了龙的另一种形象——吉祥，说它能给人们带来幸福和欢乐。在喜庆日子里，人们玩儿龙灯，跳龙舞，赛龙舟。民间流传着很多龙的传说和故事。

在中国，带"龙"的地名、山名、水名、人名更不知有多少；在汉语中，跟"龙"有关的词语，许多都有积极的意义。例如，"龙凤呈祥"、"龙飞凤舞"、"龙争虎斗"、"望子成龙"等等。

随着社会历史的发展，龙作为封建皇帝权力的象征已不存在，但是在中国人民心中，今天龙不但仍然是吉祥的象征，而且也是整个中华民族的象征。

何教授的讲座，内容丰富，语言生动，进行了一个多小时。何教授最后说，龙的传说，不但中国有，世界上很多国家也有，例如有些西方国家传说中的龙，样子跟中国的龙差不多，但是，西方的龙是一种凶恶的动物，是罪恶的象征。由于两种文化的差别，有些西方人对中国人把龙看做自己民族的象征，觉得不好理解，因此，有些国家的报纸把"亚洲四小龙"翻译成"亚洲四小虎"。

听完报告，玛丽、朱丽叶和杰克回到宿舍，三个人自然又讨论起了语言跟文化的关系。他们谈了半天，对有些问题的看法虽然不完全一样，但有一点是共同的，要想学好一种语言，就必须同时学好那种语言所包含的文化。

词语　*New Words*

龙	（名）	lóng	dragon
中外学生	（名）	zhōngwài xuésheng	Chinese and foreign students
举办	（动）	jǔbàn	to hold
由	（介）	yóu	by
地点	（名）	dìdiǎn	place
教学	（名）	jiàoxué	teaching
满满	（形）	mǎnmān	full
根据	（介）	gēnjù	according to
神奇	（形）	shénqí	magical
本领	（名）	běnlǐng	ability
动物	（名）	dòngwù	animal
鳞	（名）	lín	scale (of fish)
飞	（动）	fēi	to fly
入海		rù hǎi	to jump into the sea

兴风		xīng fēng	to start a wind
降雨		jiàng yǔ	to rain
根本	（名、形）	gēnběn	at all, cardinal
古时候		gǔ shíhou	ancient times
崇拜物	（名）	chóngbàiwù	idol, object of worship
封建	（形）	fēngjiàn	feudal
皇帝	（名）	huángdì	emperor
权力	（名）	quánlì	power
象征	（动、名）	xiàngzhēng	to symbolize, symbol
龙体	（名）	lóngtǐ	health (or body) of an emperor
龙袍	（名）	lóngpáo	emperor's robe
龙椅	（名）	lóngyǐ	emperor's chair
龙床	（名）	lóngchuáng	emperor's bed
地上	（名）	dìshang	ground
房顶	（名）	fángdǐng	roof
门窗	（名）	ménchuāng	gate and window
画	（动）	huà	to paint, to draw
老百姓	（名）	lǎobǎixìng	common people
愿望	（名）	yuànwàng	wish
塑造	（动）	sùzào	to portray
吉祥	（形）	jíxiáng	auspicious
欢乐	（形）	huānlè	joyous
喜庆	（形）	xǐqìng	jubilant

日子	（名）	rìzi	day, life
龙灯	（名）	lóngdēng	dragon lantern
跳	（动）	tiào	to dance
龙舞	（名）	lóngwǔ	dragon dance
赛	（动）	sài	to race
龙舟	（名）	lóngzhōu	dragon boat
地名	（名）	dìmíng	name of a place
山名	（名）	shānmíng	name of a mountain
水名	（名）	shuǐmíng	name of a river
人名	（名）	rénmíng	name of a person
词语	（名）	cíyǔ	word, phrase
积极	（形）	jījí	positive
龙凤呈祥		lóng fèng chéng xiáng	dragons and phoenixes symbolize good luck
龙飞凤舞		lóng fēi fèng wǔ	likeflying dragons and dancing phoenixes
龙争虎斗		lóng zhēng hǔ dòu	a fierce struggle between a dragon and a tiger
望子成龙		wàng zǐ chéng lóng	long to see one's son become a dragon
作为	（动、介）	zuòwéi	to function as, as
人民	（名）	rénmín	people
心中	（名）	xīnzhōng	at heart, in one's mind
生动	（形）	shēngdòng	vivid
凶恶	（形）	xiōng'è	fierce

罪恶	（名）	zuì'è	crime
差别	（名）	chābié	difference
看做	（动）	kànzuò	to regard as
共同	（形）	gòngtóng	commom
包含	（动）	bāohán	to include

专名　Proper Nouns

何方	Hé Fāng	name of a person
故宫	Gùgōng	the Imperial Palace
中华	Zhōnghuá	Chinese
四小龙	Sìxiǎolóng	the Four Little Dragons
四小虎	Sìxiǎohǔ	the Four Little Tigers

 注释 *Notes*

一、四字格　Four-Character Expressions

四字格是汉语里的一种固定格式，它由四个字组成，所以叫"四字格"，四字格中的任何一个字都不能随便被别的字替换，所以我们把四字格叫做固定格式。四字格的作用相当于汉语的一个词，但它的表现力比普通的词丰富。大多数四字格在汉语里又叫"成语"但并不是所有的四字格都是成语，成语也不都是由四个字组成的，也有字数更多的成语。本课中出现了一些带"龙"字的四字格：

The four-character expression is a fixed form in Chinese. It gets its name from the four characters it has. None of the four characters can be replaced thus, the four-character form is referred to as a set pattern. The four characters make a word, which is much more powerful and meaningful than the individual character. Many of the four-character expression are idioms but not all and not all idioms have four characters. An idiom may have more than four characters. We may find some four-character expression with "龙" in our text, e.g.:

龙凤呈祥——龙和凤（也是传说中的一种动物）都是吉祥的象征，呈，显示；祥，吉祥、有好运气。

Both dragons and phoenixes (mythical birds) are symbols for good omen and good luck. "呈" means "present" and "祥" is auspiciousness. As a whole, the expression denotes good luck and auspiciousness.

龙飞凤舞——传说龙和凤都是能飞的，所以它们跳舞就叫做"飞舞"。"龙飞凤舞"可以用来形容欢快、热烈的舞蹈场面，还可以形容潦草的字迹。

It is believed that dragons and phoenixes are flying creatures. Their dance is named "飞舞" in Chinese. The expression "龙飞凤舞" is often used to depict a cheerful and lively dancing party or cursive style of Chinese writing.

龙争虎斗——龙和老虎争斗，或龙和龙争斗、老虎和老虎争斗，形容竞争很激烈。

A fight beween a dragon and a tiger，or two dragons or tigers，are believed to be fierce.

And that is the connotation of the expression.

望子成龙——父母希望自己的儿子成为龙，也就是成为有出息的人。

"望子成龙" literally means that the parents expect the son to become a dragon, and the underlined meaning is that the parents expect the success of the son.

下面是其他一些成语：

The following are other idioms：

心想事成——形容愿望能够实现。

May your dream come true.

记忆犹新——过去的事还很清楚地记得。

Everything remains fresh in one's memory.

二、要……就必须……

这个格式构成一个条件复句，用法和意义与"要……就得……"完全一样，"必须"和"得（děi）"是一个意思，只是"得"更口语化。例如：

"要……就必须……"is equal to "要……就得……"as a pattern for a conditional complex sentence. "得"bears the same meaning as "必须"but sounds more informal, e.g.:

（1）要想学好一种语言，就必须同时学好那种语言所包含的文化。

（2）要想身体好，就必须锻炼。

（3）要取得好成绩，就必须努力学习。

词语例解 Words Study

一、正好

恰好，形容词，指时间、位置不前不后，体积不大不小，数量不多不少，程度不低不高等。例如："我刚要去找你，你正好来了。""你来得正好，我已经把饭做好了，咱们一块儿吃吧。"例如：

The adjective "正好" means "exact in time, position, size, number or degree". Thus, "杰克和朱丽叶正好有事来找玛丽" can be interpreted as that Jack and Juliet's visits to Mary coincided with one another and they were able to attend the lecture together. We can also say "我刚要去找你，你正好来了"。"你来得正好，我已经把饭做好了，咱们一块吃吧"。Here are more sentences with this usage:

（1）四瓶啤酒，正好十元钱。

（2）昨天他去找我时，我正好出去买东西，半小时后我就回来了。

（3）我们赶到的时候，电影正好开始。

二、根本就没有

这个句式表示否定前文所说的内容，而且语气是比较重的，前文说"比是一种本领很大的动物"，但这完全不是事实，所以下文接着说"世界上根本就没有龙这种动物"。例如：

This expression is used to seriously negate what is stated before. In the text, the foregoing statement "龙是一种本领很大的动物" is not true，and it is followed by the explanation "世界上根本就没有龙这种动物"。Here are some more examples:

（1）谁说我去医院了？我根本就没有病。

（2）我根本就没看过那个电影。

（3）我只去过上海，根本没去过南京。

三、另，另一种，另一方面，另一个

指示代词，指称的事物在上文说的范围之外，"另"后边的事物和上文说的事物不是同一种，或不属于同一类。在中国的封建社会（这是一个范围），龙是皇帝的象征，但是，在中国民间（这和"封建社会"不是同一个范围），龙是吉祥的象征，因此说"另一种形象"。"另"可以单独修饰名词，也可以和"一种"、"一方面"、"一个"等结合起来修饰一个名词或名词性结构。例如：

"另" is a demonstrative pronoun，denoting something excluded in the previous statement. What is after "另" does not belong to the kind of things in the preceding context. In Chinese feudal society, the dragon was regarded as the symbol of the emperor, but the Chinese people believed that the dragon was the sign of good luck which was described as "另一种形象". "另" alone can be used to modify a noun, or together with "一种"，"一方面" and "一个" to modify a noun or a nominal structure, e.g.:

（1）"你好"是一种问候的方式，还有另一种问候的方式，那就是"吃了吗?"

（2）比赛输了，我们当然很不高兴，可另一方面，我们也获得了一些经验。

（3）A：你拿了我的书吗?

B：不，我拿的是另一本，跟你的一样。

四、不好理解

"不好理解"就是不容易理解，很难理解。"好"有"容易"的意思，例如：

"不好理解" means "it is difficult to understand". "好" bears the meaning of "easy", e.g.:

（1）这件事很难，不好办。

（2）"舞"字笔画太多，不好写。

（3）这题容易，好做。

（4）这个问题很好解释。

 语法 *Grammar*

一、由……

"由"，介词，作用是引进动作的发出者。例如：

The preposition "由" can be used to introduce the performer of an action, e.g.:

（1）今天下午由中文系的何方教授讲"龙与中国文化"。

（2）现在由老张介绍事情的经过。

（3）这个问题由你来回答。

（4）你们去买票，钱由我付。

二、"自己"作主语、宾语、状语

"自己"，代词，作用是指代句中已出现的人，与"别人"相对，可以作主语、宾语或状语。

作主语：

The pronoun "自己", opposite to "别人", can be used for anaphoric reference of the earlier-mentioned person in a sentence. It acts as a subject, an object or an adverbial.

The following are sentences with "自己" as a subject:

（1）我看了半天，自己都没看懂，怎么给你讲呢？

（2）自己看电影没意思，我想请你做个伴儿。

作宾语：

The following are sentences with "自己" as an object:

（3）你放心吧，我会照顾自己。

（4）你这样固执，害了别人，也害了自己。

作状语：

The following are sentences with "自己" as an adverbial:

（5）我有事，不能陪你，你明天自己去吧。

（6）他借了钱不还，你不会自己跟他要去？

"自己" 作状语时，也可以用于其他事物。例如：

As an adverbial "自己" can also be used with things, e.g.:

（7）不知什么时候，机器自己就停了。

（8）泉水自己喷了出来。

"自己" 也经常和指人的代词或人名合在一起使用，在句子中作主语或宾语。例如：

"自己" can also be used with personal pronouns or personal names as a subject or an object, e.g.:

（1）龙的形象是人们自己创造出来的。

（2）我自己也不知道钱包是什么时候丢的。

（3）小王自己都不知道，你怎么知道？

（4）他老是想着别人，就是忘了他自己。

（5）练气功要慢慢来，猛练会伤了你自己。

三、跟……有联系

"跟……有联系" 的意思和 "A 与 B 有关（系）" 一样，都是指两个事物之间相互影响或一个对另一个产生影响，这个格式也可以概括为"A 跟 B 有联系"，A、B 分别指两个事物。"跟"也可以换成"和、与、同"等词。例如：

"跟……有联系"，similar to "A 与 B 有关（系）"，denotes the mutual influence between two things or one thing affecting the other. It can be understood as "A 跟 B 有联系" with A and B denoting two different things. The word "跟" can be replaced by "和""与" or "同"，e.g.:

（1）北京故宫里的很多东西都跟龙有联系。

（2）孟姜女的死和修长城有联系。

（3）这件事与那件事没有联系。

（4）我们要调查一下丢钱包同丢自行车有什么联系。

四、随着社会历史的发展……

"随着"后边带一个名词性词组，作状语，表示在"随着"词组所说明的情况发生后，接着出现另一种情况，或者说是前一种情况影响、改变了后一种情况。例如：

As a preposition, "随着" precedes a noun phrase with the meaning of a verb, meaning "跟着""随着" (as something going on). It acts as an adverbial and often denotes that the situation following stated results from the earlier-noted things or the earlier-mentioned things influence the latter one, e.g.:

（1）随着社会历史的发展，龙作为封建皇帝权力的象征已不存在。

（2）随着科学技术的进步，人类的生活发生了很大的变化。

（3）随着计算机的出现，以前不能解决的问题现在都能解决了。

（4）随着年龄的增长，人越来越不喜欢运动。

（5）随着交通工具的改进，世界变得越来越小。

五、进行 + 动词 / 时段成分　进行 + Verb/Duration of Time

"进行"，动词，有两个用法，一是"进行"后边要有一个动词或动词词组作它的宾语表示从事某种工作或事业。例如：

The verb "进行" has two usages. The first one is to precede a verb or a verbal phrase, which acts as its object, meaning "be engaged in a career or profession", e.g.:

（1）这个小组正在进行科学研究。

（2）我们都不要影响他，否则他没办法进行工作。

（3）我们要对中国文化进行深入研究。

（4）父母都必须对自己的小孩儿进行教育。

（5）这些东西病人用过，我们要对这些东西进行消毒。

"进行"的另一个用法是：后边有一个表示时间的名词性词组作宾语，表示一个过程持续了多长时间。例如：

Another usuage of "进行" is to go before a noun phrase denoting time as an object, meaning the duration of an action, e.g.:

（6）会议进行了两个小时。

（7）他的这项研究整整进行了三年。

（8）这个调查刚进行了一个月，就搞不下去了。

（9）消毒要进行一个小时，才能把细菌杀死。

注意："进行"总是用在持续性的或正式的、严肃的行为上，不能持续的行为或日常生活里的行为不能用"进行"，下面的句子都是不对的：

Points to be noted："进行" is always used for something continuously happening or a formal and serious action. Discontinuous behaviour or daily actions can not be described with "进行". The following sentences are incorrect:

*明年夏天我就要进行毕业了。 （毕业是不能持续的）

*现在我们开始进行睡觉。 （睡觉是日常生活里的事）

六、把……看做……

"把 A 看做 B"的意思是"认为 A 是 B"。例如：

"把 A 看做 B" is the same as "认为 A 是 B" (take A for B), e.g.:

（1）中国人把龙看做自己民族的象征。（中国人认为自己是龙的后代）

（2）我把他看做自己的儿子。（其实他不是我儿子）

（3）人们把计算机看做最伟大的发明。

 练习 **Exercises**

一、熟读下列词语

1. 吉祥的象征　　　和平的象征　　　幸福的象征　　　罪恶的象征
　　权力的象征　　　民族的象征　　　友谊的象征　　　爱情的象征
　　象征着……

2. 有（一个）讲座　　听讲座　　举办讲座　　讲座开始　　讲座很精彩
　　讲座内容丰富　　　关于中国文化的讲座　　　关于人口问题的讲座
　　准备讲座

3. 根据课文内容　　　根据传说　　　根据法律　　　根据预报
　　根据大家的意见　　根据对方的要求　　有根据　　　没有根据

二、用"进行"和下列词语造句

例：研究　　中国文化
　　我们要对中国文化进行深入研究。

1. 讨论　　这些问题　　　　　　2. 讨论　　中国人口问题

3. 调查　　儿童教育问题　　　　4. 研究　　教育方法

5. 研究　　中国的传统建筑　　　6. 了解　　事故发生的原因

三、选词填空

1. 现在 ＿＿＿＿＿ 王主任介绍一下这次事故发生的经过。（由、被）

2. 今天下午的"中国的人口形势"讲座_____张教授来讲。（由、被）

3. 这个问题已经_____我们解决了。（由、被）

4. "经理"爸爸_____儿子讽刺了一顿。（由、被）

5. 今天这顿饭_____我来请客。（由、被）

6. 三木住院了，我准备_____再找一个人替她两个月。（另外、另、别的）

7. 今天我们先讨论这个问题，_____的问题我们再找时间讨论。（另外、另、别的）

8. 小贞一方面想辞职在家当太太，可_____一方面又怕生活发生变化。（别、别的、另）

9. _____同学还有问题吗？要是没有，我们就下课。（另外、另、别的）

四、用指定词语完成句子

1. _____，人们的生活水平也提高了。（随着）

2. _____，人们的传统观念也在发生变化。（随着）

3. _____，孩子越来越懂事了。（随着）

4. _____，他的汉语说得越来越好了。（随着）

5. 毕业以后你_____？（跟……有联系）

6. 这件事_____。（跟……有联系）

7. 朱丽叶的调查_____。（进行）

8. 今天的练习_____，我只用了20分钟就做完了。（好）

五、将下列词语按照汉语的词序组成句子

1. 不 今天 懂 的 语法 好

2. 进行教育 应该 父母 对 经常 的孩子

3. 汉语水平 要 就 提高 多说多练 必须

4. 要　了解中国　就　到中国　想　必须　去

5. 美国　由　管　学生　张老师

六、将"根本"放在句中合适的位置

1. 他说他病了，A 其实 B 他 C 就 D 没有病。

2. A 三木 B 就 C 没想到 D 会发生交通事故。

3. 我 A 就 B 不同意 C 他 D 提出的那个建议。

4. A 我 B 不相信 C 他们 D 是 80 岁的人。

5. A 你 B 想不到 C 在工作中 D 享受到的那种快乐。

七、根据课文内容判断下列句子的意思是否正确

1. 杰克、朱丽叶和玛丽都知道今天下午有讲座。　　　　（　　）

2. 听讲座的人不太多，他们很快就找到了座位。　　　　（　　）

3. 龙是很早以前的动物。　　　　　　　　　　　　　　（　　）

4. 故宫是"龙的世界"，因为皇帝认为龙象征着权力。　（　　）

5. 中国老百姓喜爱龙，是由于他们认为龙象征着吉祥、幸福。（　　）

6. 有些西方人对龙的看法跟中国人不一样。　　　　　　（　　）

7. 有些国家不喜欢龙，而喜欢虎。　　　　　　　　　　（　　）

8. 对语言和文化的关系，他们三个人的看法完全相同。　（　　）

八、讨论题

1. 中国人为什么把龙看做是吉祥的象征、中华民族的象征？

2. 你们国家有关于龙的传说吗？

3. 语言跟文化有没有关系？为什么？

4. "要想学好一种语言，就必须同时学好那种语言所包含的文化"，你同意这种看法吗？

阅读课文 Reading Text

中国——伟大的文明古国

　　中国是世界上面积第三大的国家，有 960 多万平方公里。中国位于亚洲东部，北面是俄罗斯；印度等在它的西南面；东面是太平洋。

　　中国有 13.2 亿人口，占世界人口的 1/5。大多数中国人都住在占全国土地 15% 的地方，主要是东部。五个中国人中有一个居住在大城市里，其他的人住在农村。中国的首都是北京，是全国的政治和文化中心。上海是中国的商业中心。

　　大多数中国人是汉族，占全国人口的 93.3%。汉族是世界上最大的民族，有着 4000 年的有文字的历史。汉族人的语言——汉语，有很多种方言，普通话是全民族的共同语。除了汉族以外，中国还有 55 个少数民族，因此，中国是一个多民族的大家庭。不同地方的中国人长得不太一样，例如，某些住在中国西部的人长得很像印度人。

　　中国文明的历史非常悠久。中国人在 5500 多年以前就建立了城市，这比非洲、美洲和欧洲城市的出现早得多。中国人很早就发明了造纸术、印刷术、指南针和火药，对人类进步做出了很大贡献。

　　"中国"这个名字是秦朝（公元前 221 年—公元前 206 年）时

中国的第一个皇帝秦始皇定下来的。秦始皇有一支很大的军队，帮助他统一了中国。秦始皇死的时候，有70多万人为他制造了一批同真人、真马一样大小的兵马俑埋在地下，这就是著名的秦始皇兵马俑。著名的长城也是从秦始皇时代开始修建的。

一直到20世纪初，中国一直是由皇帝来统治的。中国历史上有大大小小许多朝代，除了秦朝以外，汉朝、唐朝、宋朝、元朝、明朝、清朝等朝代还有：

公元前206年到公元220年的汉朝时期，办起了学校，鼓励学习；纸和墨是这个时期发明的。

唐朝（公元618年—906年）是中国历史上比较强大的时期，也是对外比较开放的时期，产生了李白、杜甫等大诗人；最重要的发明是火药和印刷术。

宋朝（公元960年—1279年）的一项重要发明是指南针，它推动了航海业的发展。

元朝（公元1271年—1368年）在大都（现北京）建立了首都。

明朝（公元1368年—1644年）在北京建立了首都，始建了故宫。

清朝（公元1644年—1911年）是由皇帝统治的最后一个朝代。

1911年孙中山先生领导"辛亥革命"，推翻了中国的最后一个皇帝，并当上了中国的第一任总统。他想使国家现代化，但没有成功。1921年毛泽东和另外一些人一起成立了中国共产党。1949中华人民共和国成立。

今天，中国人民正在努力使一个伟大的文明古国成为世界上强大的现代化国家。

阅读课文词语表 *Vocabulary for the Reading Text*

伟大	（形）	wěidà	great
亿	（数）	yì	one hundred million
大多数	（名）	dàduōshù	great majority
工业	（名）	gōngyè	industry
商业	（名）	shāngyè	commerce
方言	（名）	fāngyán	dialect
普通话	（名）	pǔtōnghuà	mandarin
共同语	（名）	gòngtóngyǔ	common language
造纸术	（名）	zàozhǐshù	paper making
印刷术	（名）	yìnshuāshù	art of printing
指南针	（名）	zhǐnánzhēn	compass
火药	（名）	huǒyào	gunpowder
兵马俑	（名）	bīngmǎyǒng	clay figures of warriors and horses buried with the dead
统治	（动）	tǒngzhì	to rule
公元前	（名）	gōngyuánqián	Before Christ
鼓励	（动、名）	gǔlì	to encourage
对外		duì wài	to the outside world
开放	（动）	kāifàng	to open
诗人	（名）	shīrén	poet
航海业	（名）	hánghǎiyè	navigation
推翻	（动）	tuī fān	to overthrow

总统	（名）	zǒngtǒng	president
成立	（动）	chénglì	to establish
强大	（形）	qiángdà	strong

专名　Proper Nouns

俄罗斯	Eluósī	Russia
印度	Yìndù	India
太平洋	Tàipíngyáng	Pacific Ocean
非洲	Fēizhōu	Africa
美洲	Měizhōu	America
秦朝	Qín Cháo	the Qin Dynasty
汉朝	Hàn Cháo	the Han Dynasty
唐朝	Táng Cháo	the Tang Dynasty
宋朝	Sòng Cháo	the Song Dynasty
元朝	Yuán Cháo	the Yuan Dynasty
明朝	Míng Cháo	the Ming Dynasty
清朝	Qīng Cháo	the Qing Dynasty
李白	Lǐ Bái	name of a person
杜甫	Dù Fǔ	name of a person
孙中山	Sūn Zhōngshān	Dr. Sun Yat-sen
辛亥革命	Xīnhài Gémìng	the Revolution of 1911
毛泽东	Máo Zédōng	Mao Zedong
中国共产党	Zhōngguó Gòngchǎndǎng	the Chinese Communist Party
中华人民共和国	Zhōnghuá Rénmín Gònghéguó	the People's Republic of China

阅读练习 *Exercises for the Reading Text*

一、根据课文选择唯一恰当的答案

1. 住在农村的中国人差不多占全国人口的（　　）

    A. 60%　　　　　B. 70%　　　　　C. 80%　　　　　D. 90%

2. 根据这篇文章，5500 多年以前中国就（　　）

    A. 叫"中国"　　B. 发明了纸墨　C. 造出了火药　D. 修建了城市

3. 印刷术大约是多少年以前发明的？（　　）

    A. 600 多年以前　　　　　　　B. 1000 多年以前

    C. 1500 多年以前　　　　　　　D. 4000 多年以前

4. 下面哪个朝代的首都是北京？（　　）

    A. 秦朝　　　　　B. 唐朝　　　　　C. 明朝　　　　　D. 汉朝

二、想一想，说一说

1. 中国的地理位置、面积和人口情况如何？

2. 根据这篇文章的介绍，秦、汉、唐、宋、明、清几个朝代有哪些重要事情或重要发明？

3. 为什么说中国文明的历史很悠久？

第四课 Lesson 4

课文 Text

中国的传统节日
Traditional Chinese Festival

今天是周末，玛丽和朱丽叶来找杰克玩儿。三个人边喝咖啡边聊天。杰克忽然想起昨天买的粽子，于是就拿出来请她们吃。

"今天请你们尝一种中国传统的节日食品"杰克说。

"这叫什么？"玛丽问。

"这叫粽子。再过几天就是中国的传统节日——端午节了。端午节人们有吃粽子、赛龙舟的习俗"

说起中国的传统节日，朱丽叶问："中国有多少传统节日？"

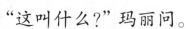

"听说中国的传统节日很多。最大的传统节日当然是春节。此外还有端午节、中秋节等。"杰克说。

"春节不就是中国的农历新年吗？为什么叫春节呢？"朱丽叶问。

杰克说："刚到中国的那一年，一个中国朋友请我到他家过春节，我也问过他这个问题。他说，中国古时候没有'春节'这个名称。农历一年的第一天叫'元日'或者'元旦'"。

"1911年辛亥革命以后，中国采用公历纪年，称公历1月1日为元旦。中国农历的新年都在'立春'前后，因此就把农历新年叫做'春节'，也叫'大年初一'。"

"听说中国过春节已经有几千年的历史了。"玛丽插了一句。

杰克接着说："听说有三千多年的历史了。最早的时候，它是一种庆祝活动，庆祝劳动一年获得丰收。你们不是在中国过过春节吗？是不是觉得挺热闹，挺有意思的？"

"刚才你说再过几天就是端午节了。端午节是一个什么样的传统节日呢？"朱丽叶一边吃着粽子一边问。

"端午节是为了纪念中国古代伟大的爱国诗人屈原的。屈原是战国末期楚国人。他当过楚国的大官，提出过许多正确的主张，但是国王不听。不久，秦国攻占了楚国的都城，屈原非常悲痛，跳进汨罗江自杀了。这一天是公元前278年农历五月初五。"

"当时，老百姓非常崇敬他的爱国精神，一听到他跳江自杀，马上就划着船去救他。后来每年到农历五月初五就举行划船比赛，来纪念屈原。再后来，划船比赛就成为赛龙舟活动。屈原跳江以后，老百姓没能救起他来，为了不让江里的鱼虾吃掉他的尸体，人们纷纷把米装在竹筒里放到江水里给鱼虾吃。后来就慢慢变成了今天我们吃的粽子了"。

"这样说，端午节也有两千多年的历史了"。玛丽说。

"可不是"。

他们一说完，朱丽叶马上又问："中秋节是怎么回事儿？"

"为什么叫中秋节呢？因为这个节日正好在秋季的中间。中秋节的历史也很悠久了。据说周朝就有祭月的活动，祈求农业丰收。中秋节的传统食品是月饼，因为月亮是圆的，所以月饼的形状也是圆的。圆圆的月饼含有团圆的意思"。

"你知道的东西真不少啊"。朱丽叶吃着粽子说。

"哪里，哪里。这些东西，有的是听中国朋友说的，有的是从书上看到的"。

"中国的传统节日，除了上面谈到的春节、端午节和中秋节以外，还有哪些呢？"玛丽问。

"还有元宵节、清明节等等。世界上每个国家、每个民族都有自己的传统节日。但是，中国的传统节日和西方国家的传统节日有一个很大的不同，西方国家的传统节日多与宗教有关，而中国的传统节日多与农业生产有关，重视人与人之间的和谐关系"。杰克说完拿起另一个粽子大口大口地吃了起来。

关于中国的传统节日，三个人谈了一个多小时，玛丽和朱丽叶商量好，下午回学校一定要顺路买几个粽子带回去。

词语 *New Words*

粽子	（名）	zòngzi	pyramid-shaped dumplings
食品	（名）	shípǐn	food
此外	（连）	cǐwài	besides
农历	（名）	nónglì	the lunar calendar
名称	（名）	míngchēng	name
元日	（名）	Yuánrì	the First Day of the Year
元旦	（名）	Yuándàn	New Year's Day
采用	（动）	cǎiyòng	to adopt
公历	（名）	gōnglì	the Gregorian calendar
纪年	（名）	jìnián	a way of numbering the years
称	（动）	chēng	to call
立春	（名）	lìchūn	the Beginning of Spring
前后	（名）	qiánhòu	before or after
大年初一		dànián chūyī	the first day of the Spring Festival
插	（动）	chā	to interpose a remark
庆祝	（动）	qìngzhù	to celebrate
劳动	（动）	láodòng	to work
获得	（动）	huòdé	to obtain
丰收	（动）	fēngshōu	to harvest
伟大	（形）	wěidà	great

爱国		ài guó	to love one's country
诗人	（名）	shīrén	poet
末期	（名）	mòqī	final phase
大官	（名）	dàguān	high ranking official
提出	（动）	tíchū	to put forward
主张	（动、名）	zhǔzhāng	to propose, proposition
国王	（名）	guówáng	king
攻占	（动）	gōngzhàn	to attack and occupy
都城	（名）	dūchéng	capital
悲痛	（形）	bēitòng	sorrowful
自杀	（动）	zìshā	to commit suicide
崇敬	（动）	chóngjìng	to esteem
精神	（名）	jīngshén	spirit
跳江		tiào jiāng	to jump into the river
划船		huá chuán	boating
救	（动）	jiù	to rescue
举行	（动）	jǔxíng	to hold
成为	（动）	chéngwéi	to become
江里		jiāng li	in the river
掉	（动）	diào	to fall
纷纷	（形）	fēnfēn	one after another
装	（动）	zhuāng	to put in, to load
竹筒	（名）	zhútǒng	bamboo tube

怎么回事儿		zěnme huí shìr	what's it all about
秋季	（名）	qiūjì	autumn
祭月		jì yuè	to worship the moon
祈求	（动）	qǐqiú	to pray for
月饼	（名）	yuèbing	moon cake
形状	（名）	xíngzhuàng	shape
含有	（动）	hányǒu	to contain
团圆	（形、动）	tuányuán	reunion
宗教	（名）	zōngjiào	religion
重视	（动）	zhòngshì	to attach importance to
和谐	（形）	héxié	harmonious
大口		dà kǒu	a big mouthful of
顺路		shùnlù	on the way

专名　Proper Nouns

辛亥革命	Xīnhàigémìng	It stands for the year 1911 to revolutionize
屈原	Qū Yuán	name of a person
楚国	Chǔguó	the State of Chu
秦国	Qínguó	the State of Qin
汨罗江	Mìluó Jiāng	Miluo River
周朝	Zhōu Cháo	the Zhou Dynasty
元宵节	Yuánxiāo Jié	the Lantern Festival

注释 *Notes*

一、说起

"起"在"说"等动词后边作趋向补语，这里是引申用法，表示动作关系到某事物，"说起中国的传统节日"，意思是谈话的内容关系到中国的传统节日。表示关涉意义的趋向补语"起"只在"说、谈、讲、问、提、回忆"等少数及物动词后出现。例如：

"起" here is used in an extended way as a directional complement after the verb "说" to indicate the connection of the action with something. "说起中国的传统节日" means "speaking of traditional Chinese festivals", intended to talk about the traditional Chinese festivals. This usage of the directional complement "起" is only found after the transitive verbs such as "说", "谈", "讲", "问", "提" and "回忆", etc., e.g.:

（1）说起这件事，没有人不知道。

（2）谈起这个话题，他就十分兴奋。

（3）一讲起中国的历史，他能三天三夜不睡觉。

（4）他来信问起你，我给他介绍了你的近况。

（5）一提起他，我就生气。

（6）回忆起童年的事，他就觉得很幸福。

二、辛亥革命

中国近代的资产阶级民主革命，发生在 1911 年 10 月 10 日，由孙中山领导。辛亥革命推翻了清王朝的统治，从此封建的君主专制制度在中国永远结束了。

The modern Chinese bourgeois-democratic revolution led by Dr. Sun Yat-sen took place in October 10th，1911. The feudal Qing Dynasty was overthrown then, and the feudal autocratic monarchy came to an end in China.

三、公历、农历、夏历

公历是世界上大多数国家采用的纪年方法，公元元年是传说中耶酥出生的那一年。农历是中国传统的纪年方法，它是一种阴阳混合的历法，农历一个月是月亮绕地球一圈的时间，一年有十二个月或十三个月；中国的历法又根据太阳在黄道上的位置，把一年分为二十四段，叫二十四节气，按二十四节气计算出的一年跟公历一年几乎相等。农历也叫夏历，是因为这种历法据说是夏朝开始实行的。

The Gregorian calendar is adopted in most countries in the world. It started with the birth of Juses Christ. The lunar calendar, a mixed system, is traditionally used to record the year in China. A lunar month is the time needed for the moon to turn around the earth for a cycle. In a lunar year there are 12 or 13 months which are divided into 24 solar terms according to the position of the sun in the zodiac. The length of a year calculated in the 24 solar terms is almost equal to that of a solar year. The lunar calendar is also known as Xia Calendar because it is believed to be first used in the Xia Dynasty.

四、不听

听，这里的意思是听从、服从、接受意见的意思，不听就是不接受别人的意见或不服从别人的命令。也可以说"不听话"或"不听……的话"。例如：

"听" denotes "to follow" or "to obey" and "不听" thus is the negative form, meaning disobey or refuse someone's advice. The negative form can also be used as "不听话" or "不听……的话", e.g.:

（1）屈原提出过许多正确的主张，但是国王不听。

（2）我说上山有危险，他不听，结果从山上摔下来了。

（3）这孩子挺听话的，一点儿也不闹。

（4）孩子长大了，不听父母的话了。

五、怎么回事儿 / ……是怎么回事 / 你怎么回事

"怎么回事"是一个习惯用法，用来询问事情的原因、过程或细节，要求对方给以详细的说明或解释。"怎么回事"可以单用，也可以作谓语或宾语。例如：

The idiomatic expression "怎么回事" meaning "what is going on" or "what's up", is often used to inquire for the reason, the details and the specific process. It can be used alone or act as a predicate or object, e.g.:

（1）怎么回事？你们跑什么？

（2）怎么回事？街上为什么一个人也没有？

（3）你怎么回事？喝酒喝多了？

（4）他怎么回事？现在还没来？

（5）这是怎么回事？

（6）这儿是怎么回事？这么乱！

六、含有……的意思

"圆圆的月饼含有团圆的意思"，是说月饼象征团圆。

"圆圆的月饼含有团圆的意思" means that the round shape of the moon cakes symbolizes a family reunion.

七、顺路

顺着所走的路线（到另一处）。例如：

"顺路" can be understood as the location is along the way one must pass by. Here are some more examples:

（1）玛丽和朱丽叶商量好，下午回学校一定要顺路买几个粽子带回去。

（2）下班回来，顺路把这封信寄了。

（3）我正好进城，顺路来看看你。

（4）医院在东边，商场在西边，看完病再买东西，不顺路。

词语例解 *Words Study*

一、于是

连词，表示后一件事跟在前一件事后发生，并且，后一件事往往是前一件事引起的。例如：

The conjunction "于是" indicates that the later-happening incident is followed the earlier-happening one, which gives rise to the later-happening incident, e.g.:

（1）杰克忽然想起昨天买的粽子，于是就拿出来请她们吃。

（2）我们本想走回去，可雨下个不停，于是我们只好坐车回去了。

（3）老师让大家查一查最近的报纸，于是大家就都去了图书馆。

（4）老师病了，于是今天的课也就不上了。

（5）下了一夜大雪，于是今天的航班被取消了。

二、此外

"此外"的意思是"除了上面所说的事物或情况至外的"，一般用于列举事物，前边先介绍一件事或几件事，然后用"此外"引出一系列的事，表示和前边说的都属于同一类。例如：

"此外"，meaning "apart from", is used to give a list of things which fall into the same category as what has bccn previously stated, e.g.:

（1）最大的传统节日当然是春节。此外还有端午节、中秋节等。

（2）北京有很多古迹，故宫是一处，此外还有颐和园、长城、天坛等。

（3）今天我有很多事，要做作业、洗衣服、收拾房间，此外还要给
　　　家里写一封信。

三、不就是

"不就是"是一个习惯用法，它的基本意义是确认，即什么就是什么，

但在不同的情景下，含有不同的感情色彩或语气。一种语气是表示奇怪并要进一步追问。例如：

The idiomatic expression "不就是" is generally used for confirmation. In different context it may bear different emotional colorings or tones among which one is for further inquiry, e.g.:

（1）春节不就是中国的农历新年吗？为什么叫春节呢？

（2）电脑不就是计算机吗？怎么会叫电脑呢？

（3）龙不就是一种动物吗？为什么又是皇帝的象征呢？

另一种语气是表示轻视、看不起。例如：

It can also be used to show one's contempt, e.g.:

（4）这不就是鸡爪子吗？干吗叫凤爪啊？

（5）我以为哪个大明星呢，不就是咱们胡同的小王吗！

（6）什么气功大师，不就是个变戏法的吗？

四、有……年的历史了

在省略号处填上表示时间的词，表示时间很长。也可以说"有……个月的时间了""有……天时间了"等。例如：

In the above phrase the dotted line is for the expression of the duration of time. The expression can also be varied as "有……个月的时间了" or "有……天时间了", e.g.:

（1）春节已经有 3000 多年的历史了。

（2）中国的文字有 4000 年的历史。

（3）我来这儿有两个月的时间了，可还是一个人也不认识。

5. 中间（甲和乙中间 between A and B）

名词，表示两个事物之间的位置，既可以表示时间，也可以表示处所。表示时间如：

The noun "中间" indicates the point between two places. When used to denote time, it means the time between two points. The following are examples of time indication:

（1）秋季的中间

（2）一节课的中间

表示处所的如：

The following are examples of locality indication:

（3）马路中间

（4）操场中间

（5）教室中间

六、就

副词，强调事情发生得早，句中必须有表示时间的名词或副词。例如：

The adverb "就" denotes that something takes place earlier than expected. It should be used in a sentence with a noun of time or an adverb of time, e.g.:

（1）周朝就有祭月的活动。

（2）你现在才来，太晚了，我昨天夜里就来了。

（3）我的作业早就做完了。

（4）他三十年前就去世了。家里写一封信。

语法 Grammar

一、边……边……

这个结构用来表示两个动作同时进行，也可以说"一边……一边"。例如：

The above structure is used to show two actions taking place simultaneously. Its alternative form is "一边……一边", e.g.:

（1）我边看书边听音乐。

（2）朱丽叶一边吃粽子一边问。

（3）他一边吃饭一边看报纸。

（4）他一边干活一边跟人聊天。

二、当时……后来……再后来

这是几个表示时间的词语，表示事情发生的先后次序，也表示说话人是按事情发生的先后次序叙述的。例如：

The above time expressions indicate the sequence of events something narrated in a time order, e.g.:

（1）当时人们把龙当做图腾，后来龙又成为皇帝的象征，再后来龙又表示吉祥。

（2）当时他还小，后来他长大了，再后来他就当上经理了。

（3）当时这儿是草地，后来修了路，再后来盖起了楼房。

（4）当时我不认识他，后来跟他认识了，再后来就成了朋友了。

 练习 *Exercises*

一、熟读下列词语

1. 尝一尝　尝一下儿　尝一口　尝过了　尝尝咸淡　尝尝味道
尝尝这种点心　　　尝尝我做的菜　　　尝尝我买的蛋糕
尝尝这种粽子　　　尝尝这种月饼

2. 获得好成绩　获得经验　获得好评　　　获得表扬　　　获得丰收

3. 纪念谁　　　纪念屈原　纪念什么日子　纪念品　　　纪念碑
纪念塔（tǎ）　用……作纪念　给谁（留）作纪念

二、用"不是……吗？"和"不就是……吗？"完成句子

1. 这_____？　我早就吃过了。

2. 你_____？怎么还没走啊？

3. 经商_____？

4. 炎黄子孙_____？

5. A：你知道"龙的传人"的意思吗？

   B：龙的传人_____？

6. 你_____？怎么还在学校？

7. 元旦_____？

8. 你_____？周末我们去跳舞怎么样？

三、用所给的词语按照下边的例子造句

例： 吃饭　　看电视

　　　孩子（一）边吃饭（一）边看电视。

1. 听音乐　　做作业　　　　2. 聊天　　看电视

3. 做饭　　唱歌　　　　　　4. 散步　　聊天

5. 参观　　听讲解员讲解

例： 中国人口问题　　婚姻问题

　　　杰克喜欢研究中国人口问题，此外对婚姻问题也很感兴趣。

1. 游泳　　下棋　　　　　　2. 中国古代历史　　中国地理

3. 人类的起源问题　　名胜古迹　4. 博物馆　　　北京的四合院

5. 成语　　典故

例： 一个人也没有

　　　怎么回事？教室里怎么一个人也没有？

1. 这么脏　　　　　　　　　2. 你每天迟到

3. 半天不来一辆车　　　　　4. 她没来上班

5. 那儿有那么多人

例： 春秋　季　是夏季

　　　春秋季中间是夏季。

1. 马路　放　牌子　　　　　2. 四楼和五楼　有　小卖部

3. 两节课 休息 十分钟   4. 床和衣柜 放 桌子

5. 两座楼 有 小花园

例：小   长大   理解

  当时我还小，不懂事，后来长大了，明白了一些道理，再后来就完全能理解那时的情况了。

1. 上小学   上中学   成了大学生   2. 服务员   主任   老板

3. 工人 辞职 经商   4. 没注意 撞车 被人送进了医院

5. 睡得很好 发烧 带她去了医院

四、用指定词语改写下列句子

1. 我忽然想起今天是中秋节，就赶快拿着钱去商店买月饼去了。（于是）

2. 杰克对中国的传统建筑很感兴趣，所以就跟老师一起去参观北京的四合院了。   （于是）

3. 要不要辞职在家，小贞拿不定主意，她就去找三木，想听听她的意见。

                                                              （于是）

4. 你去寄信，邮局旁边有个菜市场，回来的时候买回点儿菜来。

                                                              （顺路）

5. 你进城，正好我回家，咱们俩是走一条路线，一块走吧。 （顺路）

6. 你上班的时候，顺便把这封信扔到信筒里。   （顺路）

7. 今天我去医院看朋友，还去商场逛了逛。   （顺路）

五、根据课文内容判断下列句子的意思是否正确

1. 今天是端午节。   （   ）

2. 端午节人们吃粽子。   （   ）

3. 春节这个名字已有几千年的历史了。   （   ）

4. 春节是中国的农历新年。   （   ）

5. 公历新年叫元旦。   （   ）

6. 端午节在农历五月初五。　　　　　　　　　　（　）

7. 端午节是为了纪念中国古代伟大的爱国诗人屈原。（　）

8. 中秋节吃月饼。　　　　　　　　　　　　　　　（　）

9. 清明节吃元宵。　　　　　　　　　　　　　　　（　）

10. 中国的传统节日大部分与农业生产有关。　　　　（　）

六、讨论题

1. 你知道中国有哪些传统节日？每个传统节日吃什么？有些什么活动？

2. 你们国家有哪些传统节日？

3. 你在中国过过什么节日？请讲一讲你在中国过节的情况。

 阅读课文 *Reading Text*

景颇族人民的节日——目脑盛会

中国是一个多民族的国家，各个民族都有自己的传统节日。中国西南部的一个少数民族景颇族，就有一个非常热闹的节日——目脑盛会。

传说，景颇族是太阳神的后代，他们用自己的劳动换来了丰收，过着和谐幸福的生活。

可是后来，不知道从什么地方来了一个魔王，别的东西不吃，专门吃小孩。它吃了小孩以后就睡大觉，等醒过来，又要吃小孩，人们都十分怕它。于是，有一个叫雷盼的男人就带领乡亲们，在魔王睡觉的时候，离开了自己的家乡，从北向南逃跑。

魔王醒过来后，肚子又饿了，然而却找不到小孩吃。它非常生气，就向南追赶逃跑的人们，一直追了九天九夜。它看见一间屋子，正好是雷盼的家，魔王就进去把雷盼的儿子吃掉了，还用火把孩子的心肝烧成了干巴。

雷盼和妻子从外边干完活回家吃饭，发现儿子没了，心里十分着急，就大声喊叫。这时候，一个满头白发的老奶奶走过来，说："别着急。你们的儿子在山里玩儿呢。"雷盼以为她说的是真的，心里想，儿子一会儿就会回来的，也就没再去找。他们请老奶奶一起吃饭，老奶奶说："我已经吃过了，你们自己吃吧。对了，我这儿还有一些干巴，给你们当菜吃吧。"说着，就把干巴拿了出来。雷盼和妻子一看，天啊，这不是人的心肝吗！老奶奶大笑一声，突然又变成了魔王的样子，凶恶地说："快吃吧，这就是你们儿子的心肝。谁也别想从我手里跑掉！快去告诉那些人们，把他们的孩子送到我的山洞里来让我吃。"

太阳神知道了魔王的罪恶活动，就用火打出了一把神奇的宝刀，送给了雷盼。

魔王发现雷盼带领着乡亲们向它的山洞冲过来，就张开大嘴，吹了一口气，天突然黑了下来，接着又下起了大雨。然而，人们一点儿也不怕，他们愤怒地冲向魔王。魔王赶快往后面退，退到山下，它用魔刀在地上一划，立刻出现了一条大江，挡在雷盼和乡亲们的前面。雷盼看着滚滚的江水，心中更加愤怒。他举起太阳神送给他的宝刀，向大江砍去。这把刀确实非常神奇，大江一下子被砍成了两半，前面出现了一条大路。雷盼带领大家冲到大江的那边，举刀向魔王砍去，只听到"咔嚓"一声，魔王的刀被砍掉了。魔王一看情况不好，就赶快往后面跑。雷盼立刻追上去，用宝刀砍掉了它的头。

凶恶的魔王被除掉了，欢乐的人们围着熊熊的烈火，一边喝酒一边跳舞，一直庆祝到第二天早晨。后来，为了庆祝祖先对魔王的这一胜利，每年一到这个时候，景颇族人民都要举行纪念活动，并且把这一喜庆的活动叫做"目脑盛会"。

 ## 阅读课文词语表 Vocabulary for the Reading Text

后代	（名）	hòudài	descendants
魔王	（名）	mówáng	devil
带领	（动）	dàilǐng	to lead
乡亲	（名）	xiāngqin	fellow villagers
追赶	（动）	zhuīgǎn	to run after
追	（动）	zhuī	to run after
心肝	（名）	xīngān	heart
烧	（动）	shāo	to burn
干巴	（名）	gānbā	burned meat
喊叫	（动）	hǎnjiào	to shout
以为	（动）	yǐwéi	to think
山洞	（名）	shāndòng	cave
宝刀	（名）	bǎodāo	treasured sword
冲	（动）	chōng	to rush
吹	（动）	chuī	to blow
愤怒	（形）	fènnù	angry

魔刀	（名）	módāo	magic knife
划	（动）	huà	to draw
大江	（名）	dàjiāng	wide river
挡	（动）	dǎng	to block
滚滚	（动）	gǔngǔn	to surge
举	（动）	jǔ	to hold high
刀	（名）	dāo	knife
大路	（名）	dàlù	main road
咔嚓	（象声）	kācā	crack
除掉	（动）	chúdiào	to get rid of
熊熊	（形）	xióngxióng	flaming
烈火	（名）	lièhuǒ	raging fire

专名　Proper Nouns

景颇族	Jǐngpōzú	the Jingpo Nationality
目脑盛会	Mùnǎo Shènghuì	Great Occasion of Munao
太阳神	Tàiyángshén	the Sun god
雷盼	Léi Pàn	name of a person

 阅读练习 *Exercises for the Reading Text*

一、根据课文选择唯一恰当的答案

    1. 魔王吃完小孩儿以后喜欢（　　）

        A. 喊叫　　　　B. 睡觉　　　　C. 烧火　　　　D. 玩儿

    2. 魔王吃雷盼的儿子时，雷盼和妻子正在（　　）

        A. 睡觉　　　　B. 做饭　　　　C. 吃晚饭　　　　D. 外边干活

3. 作者介绍了"老奶奶"哪方面的特点？（　　）

    A. 个子　　　　　B. 眼睛　　　　　C. 头发　　　　　　　D. 声音

4. 魔王变出的大江挡在雷盼前面，雷盼（　　）

    A. 立刻跳了过去　　　　　　　B. 变出了一座桥

    C. 带领大家先退了回去　　　　D. 用宝刀把它砍成两半

5. 这个故事主要是告诉我们，景颇族是一个（　　）

    A. 英雄的民族　　　　　　　　B. 友好的民族

    C. 热情的民族　　　　　　　　D. 幸福的民族

二、 想一想，说一说

1. 魔王都有哪些罪恶活动？它是怎样欺骗（qīpiàn，to cheat）雷盼的？

2. 雷盼是怎样打败魔王的？

3. "目脑盛会"这个节日是怎么来的？

第五课 **Lesson 5**

课文 *Text*

中国人的姓名和称呼
Chinese Names

　　杰克虽然能说一口流利的普通话，对中国的社会习俗也有一定的了解，但有些问题他也不很清楚。上星期，玛丽和朱丽叶问他一些关于中国人的姓名和称呼的问题，他就回答不出来。昨天他带着这个问题去找中文系的刘教授，请他简单地讲讲中国人的姓名和称呼。

　　刘教授说："虽然姓名只是区别于别人的一种文字符号，但是中国人的姓名大多含有丰富的文化内容。中国人的姓大部分是一个字的，如李、王、张、刘，也有两个字的复姓，如司马、诸葛等。"

"中国人到底有多少姓呢？有人估计有 3000 个，有人说是 5000 多个。一个最新的统计说，中国以李姓最多，全国有八九千万人姓李。其次是王，第三是张。最常见的一百个姓，占全国人口 85% 以上。"

中国人的姓是怎么来的呢？

刘教授说："有的是从古代社会流传下来的，如姜、姚、姬等，有的来自古代的国名，如齐、鲁、赵。从龙、牛、马等姓，可以看出古代图腾的影响，从乐、史、陶等姓，看到了古代官职或职业的影响。另外，有的姓跟植物有关，如杨、叶、谷等，有的姓跟颜色有关，如黄、白、蓝等；有的则是从少数民族姓名翻译过来的，如萨、翦、长孙等。"

"中国人的名字有什么特点呢？"杰克问。

"第一，中国人的名字要放在姓的后边，不能放在姓的前边。第二，中国人的名字一般都是两个字，也有一个字的，叫单名。第三，中国人的名字都有一定的含义，中国父母把他们对孩子的希望和祝愿都放在名字里。有的希望健康长寿，生活富有；有的希望聪明、勇敢，成为社会有用的人才。男子的名字喜欢用雄壮有力的字，如强、虎、山、海，女子名字多用温柔美丽的字，如花、英、月、美等。"刘教授一边回答着问题，一边拿出有关的材料给杰克看。

"由于中国人口多达十三亿，加上常用的姓和名比较集中，因此，重姓、重名的人很多，例如叫'李力'的全国至少有几万人。重姓、重名的人多给社会带来了许多问题。如何来解决这一问题呢？有人建议，创造新的姓，比如用父母亲的姓创造一个新的复姓，有人建议名字不要用单名。这种办法能解决重姓重名的问题吗？谁也说不好。"

杰克听得很认真，重要的地方有时还要记一记。讲完姓名以后，他又请刘教授讲了讲中国人的称呼。刘教授说："总的来说，无论是亲属之间的称呼还是社会成员之间的称呼，中国人的称呼都要比西方人的称呼复杂和严格。"

"亲属之间的称呼，哥哥和弟弟，姑母和姨母、二姐和三妹都分得很清楚，不像英语，一个uncle，可以称呼好几个亲属。"

"至于社会成员之间的称呼，西方人喜欢用名字来称呼，中国人则不一样。同学、年龄差不多的朋友，有时可以用名字来称呼，一般人由于年龄、职业、职务、身份的不同，称呼也不同。在工厂工人中大多用师傅来相互称呼，如'张师傅、李师傅'。在机关、学校、公司、医院，人们常用'姓+职务'来称呼。如'李主任'、'张教授'、'王经理'、'刘大夫'等等。同事、朋友之间，对年龄跟自己差不多或比自己大的用'老+姓'来称呼，对年龄比自己小的可用'小+姓'来称呼，如'老赵'、'小王'。这种称呼既随便又亲切，很受社会的欢迎。'同志'、'先生'、'小姐'这些称呼在不同的社会成员中也用得很多。有时为了表示尊重，也可以用亲属之间的称呼来表示，如'老大爷'、'阿姨'、'叔叔'等等。"

词语 *New Words*

姓名	（名）	xìngmíng	surname and personal name
称呼	（动、名）	chēnghu	to call, address
于	（介）	yú	from, in, at
符号	（名）	fúhào	sign
大多	（副）	dàduō	mostly
复姓	（名）	fùxìng	two-character surname
统计	（动）	tǒngjì	to add up
以	（介、连）	yǐ	with
其次	（代）	qícì	next to
常见	（形）	chángjiàn	common
来自	（动）	láizì	to come from
国名	（名）	guómíng	name of a country
官职	（名）	guānzhí	official position
职业	（名）	zhíyè	profession
植物	（名）	zhíwù	plants
单名	（名）	dānmíng	one-character name
含义	（名）	hányì	meaning
聪明	（形）	cōngming	clever
勇敢	（形）	yǒnggǎn	brave
人才	（名）	réncái	person of ability
男子	（名）	nánzǐ	man

雄壮	（形）	xióngzhuàng	magnificent
有力	（形）	yǒulì	powerful
强	（形）	qiáng	strong
虎	（名）	hǔ	tiger
海	（名）	hǎi	sea
女子	（名）	nǚzǐ	woman
温柔	（形）	wēnróu	gentle
英	（名）	yīng	flower
多达		duō dá	as many as
亿	（数）	yì	one hundred million
常用	（形）	chángyòng	commonly used
名	（名）	míng	name
集中	（动、形）	jízhōng	to concentrate, centralized
重姓		chóngxìng	repeated surname
重名		chóngmíng	repeated name
建议	（动、名）	jiànyì	to suggest, suggestion
比如	（动）	bǐrú	for instance
父母亲	（名）	fùmǔqin	parents
总的来说		zǒng de lái shuō	generally speaking
亲属	（名）	qīnshǔ	relative
复杂	（形）	fùzá	complex
严格	（动、形）	yángé	strict
姑母	（名）	gūmǔ	aunt (father's sister)

姨母	（名）	yímǔ	aunt (mother's sister)
二姐		èrjiě	the second elder sister
三妹		sānmèi	the third younger sister
至于	（介）	zhìyú	as for
职务	（名）	zhíwù	post
身份	（名）	shēnfèn	status
师傅	（名）	shīfu	master
相互	（形）	xiānghù	mutual
机关	（名）	jīguān	organ, office
常	（副）	cháng	always
亲切	（形）	qīnqiè	cordial, kind
受	（动）	shòu	to receive
同志	（名）	tóngzhì	comrade
尊重	（动）	zūnzhòng	to respect
老大爷	（名）	lǎodàye	grandpa
阿姨	（名）	āyí	aunt

专名　Proper Nouns

司马	Sīmǎ	a surname
诸葛	Zhūgě	a surname
姜	Jiāng	a surname
姚	Yáo	a surname
姬	Jī	a surname
齐	Qí	the State of Qi

鲁	Lǔ	the State of Lu
赵	Zhào	the State of Zhao
乐	Yuè	a surname
史	Shǐ	a surname
陶	Táo	a surname
杨	Yáng	a surname
叶	Yè	a surname
谷	Gǔ	a surname
萨	Sà	a surname
翦	Jiǎn	a surname
长孙	Zhǎngsūn	a surname
李力	Lǐ Lì	name of a person

注释 Notes

一、大部分

　　"大部分"就是多数，如果把一些事物分成数量不等的两个部分，数量多的那一部分叫大部分，数量少的那一部分叫小部分。在中国人的姓中，一个字的姓是多数，而两字的姓是少数，所以说"中国人的姓大部分是一个字"。

　　"大部分" bears the meaning of "most". If something is divided into two parts, the larger part is considered as "大部分". Most of the Chinese surnames has only one character, whereas there are a small amount of two-character surnames. That is what is meant by "中国人的姓大部分是一个字".

二、怎么来的

"怎么来的"是问一件事或一个东西的起源是什么、是怎么形成的。所谓"来"，可以理解为"来到这个世界上"或"出现"。如：

"怎么来的" is used to ask about the origin of things or how something comes into being. Here "来" means "come into being" or "emerge", e.g.:

（1）A：小鸡是怎么来的？

B：小鸡是从鸡蛋里孵出来的。

（2）A：人是怎么来的？

B：《圣经》说是上帝创造的，而中国人说是女娲创造的。

三、来自

"来自"是从某个地方来的意思。例如：

"来自" here means "originate from" or "come from", e.g.:

（1）中国人的姓，有的来自古国名。

（2）三木由子是来自日本的留学生。

（3）朱丽叶来自英国。

四、多

"多"在这里的意思是"往往"、"经常"、"很常见"。"女子多用温柔美丽的字"，是说女人的名字往往使用表示温柔和美丽的字眼儿。

Here "多" means "mostly" or "often". "女子多用温柔美丽的字" refers to the fact that characters bearing the meaning of sweetness and beauty are often chosen for a Chinese woman's name.

五、加上

"加上"的本义是在原有的数量上再增加一些，形成一个固定的说法后，它的意义变为，在原有的不利条件下又增加了一重困难，中国人多，重名的可能性就大，而中国人的姓名用字又比较集中，这就使重名的可能性变得更大了，所以要说"加上常用的姓和名比较集中，因此，重姓、重名的人很多"。再如：

"加上", originally means to add something into an amount. While used as a fixed expression, its meaning expands into adding some difficulty into a bad situation, which can be interpreted as "moreover" or "what is more" or "what is worse". In our text, it is stated that China's population is large，some names are likely to be repeatedly used. What's worse, the choice of Chinese characters for personal names are often identically limited, and that makes it impossible to avoid the repetition of names. "加上" carries such a meaning in "加上常用的姓和名比较集中，因此重姓、重名的人很多". The following are sentences with "加上"：

（1）天已经黑了，再加上又下起雨来，路就更不好走了。

（2）他本来就很疲劳，加上感冒，一下子就病倒了。

六、总的来说

这是一句用来概括的话，在讲话或文章的开头，用这句话概括地交待一下儿下面要说的内容；在讲话或文章的结尾，往往用这句话概括出结论。例如：

"总的来说", meaning "generally speaking" or "to sum up", is used at the beginning of a speech or an essay to give the main idea of what is to be covered，or at the end of a speech or an essay to sum up what has been discussed so far, e.g.：

（1）总的来说，中国人的称呼要比西方人的复杂。

（2）总的来说，汉字是比较难写的。

（3）总的来说，大家今天干得都不错。

词语例解 *Words Study*

一、区别于

"于", 介词, 引进对象, "A 区别于 B" 就是 A 和 B 是有区别的、不一样。例如：

The preposition "于" is used to introduce an object. "A 区别于 B" means "A is different from B", e.g.:

（1）中国人是黄皮肤，这是区别于西方人的一个特点。

（2）汉字是一个一个的方块字，它的字形区别于拼音文字。

二、大多

副词，表示数量多或经常发生。例如：

The adverb "大多" indicates "a large amount" or "a frequent-happening event", e.g.:

（1）汉字大多是一个字只有一个读音。

（2）中国人的姓名大多含有丰富的文化内容。

（3）陆地上的动物大多不会游泳。

三、常用

形容词，意思是经常使用、很普通、很常见，可以作定语和谓语。例如：

The adjective "常用", meaning "commonly used", can be used as an attributive or a predicate, e.g.:

（1）"张"是中国很常用的姓。

（2）我这里准备了一些常用的工具。

（3）我书架上的书都很常用。

（4）这台电视不太常用，我很久没有开它了。

（5）人们常用"姓+职务"来互相称呼。

四、如何

疑问代词，意思和"怎样、怎么样、怎样才能"一样，也就是用什么办法的意思，它的作用是询问解决问题的办法，用在动词谓语前。例如：

The interrogative pronoun "如何", the same as "怎样", "怎么样" and "怎样才能" in meaning, precedes the verbal predicate to inquire for the solution, e.g.:

（1）中国人重名的很多，如何解决这个问题呢？

（2）这句话如何翻译呢？

（3）试验失败了，叫我如何交待呢？

五、至于

"至于"的作用是用来转移话题，谈话的内容从一个问题转向另一个问题时，也就是当要谈起另一件事时，我们就可以用"至于"。例如：

"至于" is used to change the topic. When the topic is turning into something else, the word "至于" can be employed, meaning "as for", e.g.:

（1）亲属间的称呼分得很细致，至于非亲属间的称呼，也和西方不一样。

（2）语法就讲到这儿，至于汉字的写法，我再说几句。

（3）现在经济发展很快，至于人民的生活嘛，也有很大提高。

六、受……的欢迎

"受"，接受、得到；省略号处填上名词，说明动作的发出者，修饰"欢迎"。例如：

"受", meaning "receive" or "obtain", is followed by the doer of something to modify "欢迎", e.g.:

（1）他们的演出很精彩，很受大家的欢迎。

（2）这种产品质量不错，很受消费者的欢迎。

（3）这个菜做得很有特色，很受顾客的欢迎。

语法 *Grammar*

一、对……有了解

"对……有了解"的意思是知道某个方面的事情。懂得中国历史，就是对中国历史有了解，懂经济问题就是对经济有了解。如果要表示了解的程度，可以在"有"和"了解"之间插入表示程度的词。例如：

"对……有了解" means "understand" or "know of". Therefore, "懂得中国历史" is equal to "对中国历史有了解" and "懂经济问题" is equal to "对经济有了解". A word showing "degree" can be inserted between "有" and "了解" if the depth of understanding is to be indicated, e.g.:

（1）他对中国的习俗也有一定的了解。

（2）他对中国文化有很深入的了解。

（3）我对那里的事情有一点儿了解。

二、关于……的问题

介词"关于"带一个名词或名词性词组，构成介词短语修饰"问题"，以说明问题的内容或性质，整个短语可以在句中作主语或宾语，"关于"也可以换成"有关"。例如：

The preposition "关于", or "有关", can be followed by a noun or a nominal phrase to modify "问题", which shows the content of the problem. The whole prepositional phrase acts as a subject or an object in a sentence, e.g.:

（1）关于姓名的问题，今天就讨论到这儿。

（2）同学们正在讨论关于中国人姓名的问题。

（3）老师一直在研究有关历史发展的问题。

三、从……可以看出……

意思是根据某种特点，可以作出某种判断或推论。例如：

The above structure carries the meaning of "from..., one can see...", used to express one's personal judgement or inference, e.g.:

（1）他的皮肤比较黑，从这一点可以看出他来自热带地区。

（2）从他的口音里可以看出他是外地人。

（3）从笔迹上可以看出这是一个很细心的人。

练习 *Exercises*

一、熟读下列词语

1. 受欢迎　受尊敬　受挫折　受批评　受表扬　受冻　受累
　　受凉　　受害

2. 统计人口　统计人数　统计数字　统计一下　统计统计
　　统计出来　没统计出来　统计好　　还没统计呢

3. 有关人员　有关人士　有关单位　有关方面　有关领导
　　有关人口问题　有关儿童教育问题　有关环境污染问题
　　有关妇女问题　有关社会习俗问题　有关中国人的姓名问题

二、用指定词语改写下列句子

1. 交通事故多数是由于人们不遵守交通规则造成的。　　（大多）

2. 他学过四年英语，但因为毕业以后不用英语工作，差不多都忘了。
　　　　　　　　　　　　　　　　　　　　　　　　　（常用）

3. 这种鞋既舒服又便宜，中老年人很喜欢这种鞋。　（受……欢迎）

4. 这种电视机的质量非常好，用户很喜欢。　　　　（受……欢迎）

5. 玛丽很了解中国的人口形势。　　　　　　　　　（对……有了解）

6. 这本小说原来是英文的，后来翻译成了中文。　（从……翻译过来的）

三、用下列词语造句

例：中国的习俗　　一定
　　　杰克对中国的习俗有一定的了解。

1. 中国文化　深入　　　　2. 中国人的姓名和称呼　一些
3. 中国历史　一定

例：讨论　汉语语法的问题

　　玛丽和杰克正在讨论关于汉语语法的问题

1. 调查　儿童教育的问题　　　　2. 听　中国地理的讲座

3. 谈起　环境保护问题　　　　　4. 讲　孟姜女哭长城的故事

5. 介绍　北京四合院的情况

例：表情　对这个问题的态度

　　从他脸上的表情可以看出他对这个问题的态度。

1. 作业　认真的人　　　　　　　2. 脸色　身体情况

3. 这一点　喜欢音乐　　　　　　4. 常给家里写信这一点　　想家

5. 下了课就去打球这一点　爱好

四、将下列词语按照汉语的词序组成句子

1. 有　一定　了解　对　的　中国的　杰克　社会风俗

2. 请　讲一讲　杰克　有关　刘教授　问题　的　中国人　姓名和称呼

3. 的　姓名　一种　区别于　是　别人　文字符号

4. 中国　统计　以　根据　最多　张　王　李　赵　四姓

5. 如何解决　请　这个问题　大家　讨论　该　一下

6. 科学教育　这个问题　如何　好　是　孩子

7. 词典　的　你　桌子上　这　常用　是　本　把　在　它　放　吧

8. 名字　的　这　是　个　从　过来　外文　翻译　直接

五、根据课文内容判断下列句子的意思是否正确

1. 杰克对中国的社会习俗非常了解。　　　　　　（　　）

2. 中国人的姓名很随便，没有什么意思。　　　　（　　）

3. 重姓、重名给社会带来了许多问题。　　　　　（　　）

4. 中国人的称呼比西方人的复杂、严格。　　　　（　　）

5. 英语的称呼比较简单。　　　　　　　　　　　（　　）

6. 在中国、社会成员之间的称呼，都可以用名字。（　　）

7. "阿姨、叔叔"都是亲属。　　　　　　　　　　（　　）

六、讨论题

1. 关于中国人的姓你知道多少？

2. 中国人的姓和名字的顺序跟你们国家的一样吗？有什么不同？

3. 你们国家的姓名有没有重名、重姓的？怎么解决重名、重姓的问题？

4. 中国人的称呼跟你们国家的一样不一样？

 阅读课文 *Reading Text*

中国人的十二属相

"全国十二个，人人有一个。你猜是什么？"这是让孩子们猜的一个谜语，谜底就是中国人的属相。差不多每个中国人都知道自己的属相。常常听到中国人问年龄时，不说："你多大年纪？"而是问："属什么？"可以说十二属相是中国的一种民间习俗。

那么究竟什么是十二属相？十二属相是怎么来的呢？这得从中国的干支纪年说起。

干支就是天干和地支。天干有甲、乙、丙、丁等十个，地支有子、丑、寅、卯等十二个。天干与地支循环配合在一起，就有甲子、乙丑、丙寅、丁卯等六十个组合，常叫做"六十花甲子"，中国古代就用这种干支的组合来表示年、月、日和时间的次序，不断循环。例如，1936年是农历甲子年，到了1996年正好六十年，所以又是甲子年。汉朝的时候，人们把十二地支分别配上了十二种不同的动物，也就是鼠（老鼠）、牛、虎（老虎）、兔、龙、蛇、马、羊、猴、鸡、狗、猪，于是就有了子鼠、丑牛、寅虎、卯兔……的组合形式，这就是十二属相。后来，为了容易记，人们就用与地支相对应的动物来表示所代表的年。例如，甲子年叫做鼠年，在鼠年生的人就属鼠；而乙丑年（牛年）生的人就属牛。因为只有十二种动物，所以，每十二年是相同的一种属相。如果你二十四岁有了孩子，你的孩子的属相就与你相同。有时候，一个三代人的家庭里，每个人的属相都一样，这就很有意思，例如，一对年轻人岁数相同，都属猴，他们各自的父母跟他们相差二十四岁，而他们的孩子跟他们也相差二十四岁，人们就开玩笑说："你们家真不错，一窝猴。"

　　十二属相的排列次序是一定的：老鼠排在第一，是老大，而猪最小，排在最后。属虎的朋友就不太高兴，认为老虎本事比老鼠大多了，为什么老鼠是老大呢？属猪的人倒觉得没什么，猪本来就没什么本事，不是吃就是睡，排在最后也是应该的。这是开玩笑，其实，哪种属相排在哪儿是有一定道理的。中国古代把一天二十四小时划分成十二个时辰，古人根据他们对动物出没时间的认识，把十二时辰配上了十二种动物。"子"时指晚上 11 点到 1 点，这时候老鼠最爱活动，因此，"子"就与"鼠"配上了，鼠就当了老大；而晚上 9 点到 11 点，是"亥"时，猪正在睡大觉，"亥"就配上了"猪"。这样看来，属虎的人也不必生气，而属鼠的人也没什么可以骄傲的了，其实只是一个时间次序的问题。

　　十二属相在中国很早就成为吉祥的象征。古代有把十二属相俑与死人埋在一起的风俗习惯。1980 年（猴年）起，中国的邮局开始发行十二属相纪念邮票，到 1991 年时，正好发行完了一套，这些邮票非常漂亮，受到人们的欢迎。

　　不过，十二属相也带来了某些迷信的东西。过去，男女结婚前一定得互相问属相，如果属相不合适，就不能结婚。例如，民间有"鸡猴不到头"的迷信说法，意思是，要是属鸡的人和属猴的人结婚，两个人以后不会永远幸福。又如，牛和马、羊和鼠也被认为是不合适的。其实这些说法没有任何科学根据。现在的年轻人当然是不相信这一套了，只要真的有爱情，属什么都行。

 ## 阅读课文词语表 *Vocabulary for the Reading Text*

属相	（名）	shǔxiàng	an animal symbolizing the year in which one is born
猜	（动）	cāi	to guess
谜语	（名）	míyǔ	riddle
谜底	（名）	mídǐ	answer to a riddle
属	（动）	shǔ	to belong to
干支	（名）	gānzhī	The Heavenly Stems and Earthly Branches
天干	（名）	tiāngān	the Heavenly Stems
地支	（名）	dìzhī	the Earthly Branches
甲	（名）	jiǎ	the first sign of the ten Heavenly Stems
乙	（名）	yǐ	the second sign of the ten Heavenly Stems
丙	（名）	bǐng	the third sign of the ten Heavenly Stems
丁	（名）	dīng	the fourth sign of the ten Heavenly Stems
子	（名）	zǐ	the first sign of the twelve Earthy Branches
丑	（名）	chǒu	the second sign of the twelve Earthly Branches
寅	（名）	yín	the third sign of the twelve Earthly Branches

卯	（名）	mǎo	the fourth sign of the twelve Earthly Branches
循环	（动）	xúnhuán	to circulate
配合	（动）	pèihe	to match
六十花甲子		liùshí huājiǎzǐ	a cycle of sixty years
组合	（动）	zǔhé	to combine
次序	（名）	cìxù	order
配	（动）	pèi	to match
鼠	（名）	shǔ	rat
老鼠	（名）	lǎoshǔ	rat
老虎	（名）	lǎohǔ	tiger
兔	（名）	tù	rabbit
蛇	（名）	shé	snake
猴	（名）	hóu	monkey
猪	（名）	zhū	pig
代表	（名、动）	dàibiǎo	representative, to represent
窝	（名）	wō	nest, den
时辰	（名）	shíchen	one of the twelve Earthly Branches standing for the hour
出没	（动）	chūmò	to appear and disappear
亥	（名）	hài	the last of the twelve Earthly Branches standing for a pig
俑	（名）	yǒng	tomb figure

发行	（动）	fāxíng	to issue
迷信	（动）	míxìn	superstition
到头		dào tóu	to the end

阅读练习 Exercises for the Reading Text

一、根据课文选择唯一恰当的答案

1. 下面哪一种组合不是干支的组合？（　　）

　　A. 子卯　　　　B. 甲寅　　　　C. 丁丑　　　　D. 丙子

2. 公元 1205 年是乙丑年，那么下面哪一年同样也是乙丑年？（　　）

　　A. 1217 年　　　B. 1229 年　　　C. 1265 年　　　D. 1305 年

3. 丙寅年用哪种动物来代表？（　　）

　　A. 蛇　　　　　B. 马　　　　　C. 牛　　　　　D. 虎

4. 如果你属兔，你的朋友比你大三岁，他应该属什么？（　　）

　　A. 马　　　　　B. 鼠　　　　　C. 牛　　　　　D. 蛇

5. 古代把夜里一点到三点这两个小时配上了什么动物？（　　）

　　A. 虎　　　　　B. 鼠　　　　　C. 牛　　　　　D. 狗

二、想一想，说一说

1. 什么是干支？

2. 十二属相是怎么回事？

3. 十二属相带来了哪些迷信的说法？

第六课 Lesson 6

课文 Text

鲁迅
Lu Xun

鲁迅是中国现代史上最伟大的文学家之一。他1881年出生于浙江绍兴，原名周树人，鲁迅是他1918年以后使用的笔名。

鲁迅小时候家里生活比较好，后来因为祖父进了监狱，父亲又长期有病，生活越来越困难。为了医治父亲的病，家里能卖的东西都卖了。

18岁那年，鲁迅到南京上学，他学到许多科学知识和民主革命思想。21岁他到日本留学。原来他打算学习医学，用自己学到的科学知识来医治像他父亲那样的病人，进而达到救国的目

的。但是，一次偶然的机会，鲁迅改变了自己的决定。他认识到，一个思想没有觉醒的人，即使身体再好，对改造旧中国也起不了什么作用。眼下最重要的是要改变人们的精神。于是他决心拿起笔，开始从事文艺创作，希望用文学作品来提高人们的觉悟。

1918 年 5 月，他的《狂人日记》发表了。这是中国现代文学史上第一篇白话小说。在这篇小说里，鲁迅深刻地揭露了中国封建社会人吃人的本质，发出了"救救孩子"的呼声。后来，他又写出了《孔乙已》、《药》、《阿 Q 正传》、《祝福》、《故乡》等几十篇小说，对"五四"前后的新文化运动起到了极大的推动作用。

鲁迅的小说深刻地反映了 19 世纪末 20 世纪初中国的社会现实。小说中描写的常常是一些不被社会重视的小人物，有的是被压迫的妇女，有的是贫穷的农民，有的是失意的知识分子。鲁迅通过对他们真实生活和思想的描写，揭露黑暗社会，教育人民。

除了小说以外，鲁迅还写了许多杂文，特别是后期，他主要从事杂文创作。鲁迅为什么要从事杂文创作呢？这主要是社会斗争的需要。由于社会斗争激烈，作家没有足够的时间从容地进行创作，而杂文作为一种社会论文，它形式短小自由，只要作家对社会有深刻的观察，无论是时事、政治、历史、文化都可以写。鲁迅杂文的特点是不但内容深刻，而且讽刺尖锐。

由于紧张的斗争生活，鲁迅的身体一天不如一天。1935年，鲁迅病倒了，体重减少到只有 37 公斤。医生劝他休息，他对医生说："不看书，不做事，我一天也活不下去。我一生没有养成那样的习惯。"1936 年 10 月 19 日，这位为中国人民的进步事业奋斗了一生的战士停止了呼吸。

鲁迅虽然逝世半个多世纪了，但他留下的几百万字的著作和他的精神，永远是中国人民的宝贵财富。

 词语 *New Words*

现代史	（名）	xiàndàishǐ	modern history
文学家	（名）	wénxuéjiā	writer
出生	（动）	chūshēng	to be born
原名	（名）	yuánmíng	original name
使用	（动）	shǐyòng	to use
笔名	（名）	bǐmíng	pen name
小时候	（名）	xiǎoshíhou	childhood
祖父	（名）	zǔfù	grandfather
监狱	（名）	jiānyù	prison
有病		yǒu bìng	be ill
医治	（动）	yīzhì	to give medical treatment
民主	（名、形）	mínzhǔ	democracy, democratic
留学		liú xué	to study abroad
进而	（连）	jìn'ér	proceeding to
救国		jiù guó	to save the nation
目的	（名）	mùdì	purpose

偶然	（形）	ǒurán	accidental
改变	（动）	gǎibiàn	to change
觉醒	（动）	juéxǐng	to awaken
即使	（连）	jíshǐ	even though
改造	（动）	gǎizào	to transform
作用	（名）	zuòyòng	role；effect
眼下	（名）	yǎnxià	at the moment
决心	（名、动）	juéxīn	determination, be resolute
从事	（动）	cóngshì	to be engaged in
文艺	（名）	wényì	literature and art
创作	（动、名）	chuàngzuò	to create, creation
觉悟	（动、名）	juéwù	to become politically awakened, consciousness
狂人	（名）	kuángrén	madman
日记	（名）	rìjì	diary
发表	（动）	fābiǎo	to publish
文学史	（名）	wénxuéshǐ	history of literature
白话	（名）	báihuà	vernacular
深刻	（形）	shēnkè	deep
揭露	（动）	jiēlù	to expose
本质	（名）	běnzhì	nature
发出	（动）	fāchū	to send out
呼声	（名）	hūshēng	voice, cry
药	（名）	yào	medicine

正传	（名）	zhèngzhuàn	true story
祝福	（动）	zhùfú	to celebrate, to wish
故乡	（名）	gùxiāng	hometown
新文化		xīnwénhuà	new culture
极	（副）	jí	extremely
推动	（动）	tuīdòng	to give impetus to
末	（名）	mò	end
现实	（名）	xiànshí	reality
描写	（动）	miáoxiě	to describe
小人物	（名）	xiǎorénwù	a nobody, an unimportant person
压迫	（动）	yāpò	to oppress
妇女	（名）	fùnǚ	woman
农民	（名）	nóngmín	peasant, farmer
失意	（动）	shīyì	to be disappointed
知识分子		zhīshi fènzǐ	intellectual
真实	（形）	zhēnshí	true
黑暗	（形）	hēi'àn	dark
杂文	（名）	záwén	essay
后期	（名）	hòuqī	later period
斗争	（动）	dòuzhēng	to struggle
激烈	（形）	jīliè	fierce
从容	（形）	cóngróng	calm
论文	（名）	lùnwén	thesis

形式	（名）	xíngshì	form
短小	（形）	duǎnxiǎo	short
观察	（动）	guānchá	to observe
时事	（名）	shíshì	current affairs
讽刺	（动）	fěngcì	to satirize
尖锐	（形）	jiānruì	sharp
不如	（动）	bùrú	not as good as, worse
病倒		bìngdǎo	to be down with an illness
体重	（名）	tǐzhòng	physical weight
做事		zuò shì	to work
养成	（动）	yǎngchéng	to cultivate; form
奋斗	（动）	fèndòu	to struggle
战士	（名）	zhànshì	soldier
停止	（动）	tíngzhǐ	to stop
呼吸	（动）	hūxī	to breathe
逝世	（动）	shìshì	to pass away
留下	（动）	liúxia	to leave behind
百万	（数）	bǎiwàn	million
著作	（名）	zhùzuò	works
财富	（名）	cáifù	wealth

专名 Proper Nouns

鲁迅	Lǔ Xùn	Lu Xun
浙江	Zhèjiāng	Zhejiang Province

绍兴	Shàoxīng	name of a place
周树人	Zhōu Shùrén	original name of Lu Xun
孔乙己	Kǒng Yǐjǐ	name of a person
阿Q	Ā Q	name of a person
五四运动	Wǔ-Sì Yùndòng	the May 4th Movement of 1919

 注释 *Notes*

一、出生于

"于"，介词，意思是"在"，用在动词后，表示事情发生的地点或时间，"于"后要有一个表示地点或时间的词语，构成介词短语作补语。例如：

The preposition "于", meaning "in", goes after a verb to denote the location or time of an action. Thus, it is usually followed by a place or time to form a prepositional phrase as a complement in the sentence, e.g.:

（1）他出生于浙江绍兴。

（2）50年前，他出生于山东。

（3）鲁迅的《狂人日记》发表于1918年。

二、能卖的东西都卖了

意思是把家里所有值钱的东西都卖了，所谓能卖的东西，就是有人买的东西。

The above sentence can be interpreted as "every valuable has been soldout". "能卖的东西" (the sellable thing) is what the others want to buy.

三、起不了什么作用

就是不起作用，"什么"在这里表示任指，不表示疑问。再如：

The phrase above means "it does not work" or "it does not help much". Here "什么" is used for general reference rather than as an interrogative. Here are some more sentences of this type:

（1）病也不见好，我看这种药起不了什么作用。

（2）这点儿钱实在是太少了，起不了什么作用。

四、《狂人日记》、《孔乙已》、《药》、《阿 Q 正传》

这是鲁迅写的四篇小说的名字。"《 》"叫做"书名号"，小说、书籍、报纸、杂志、戏剧等的名字都要在开头和结尾加书名号，表示这是一部作品的名字。

The above are the four short stories written by Lu Xun. "《 》", known as "marks for titles", is used to enclose the title of stories, books, newspapers, magazines or plays.

五、特别是

这是一个习惯用法，意思是"尤其是"，它的作用是从同类的事物中提出某一事物加以说明，前面可以是表示事物种类的名词，也可以是列举出来的同类事物。例如：

The idiomatic expression "特别是", meaning "especially", the same as "尤其是", is used to give a special explanation for one thing from a list of juxtaposed items. What precedes it can be a noun of species or the listed exemplary items, e.g.:

（1）鲁迅还写了许多杂文，特别是后期，他主要是从事杂文创作。

（2）近年来文学艺术发展很快，特别是电视剧，发展更快。

六、一天也活不下去

这里的"也"表示"甚至"，作用是加强语气，前面是"一"加一个名词，"也"后边是一个否定式。例如：

Here "也", meaning "even", is used for emphasis. What precedes it is "一" and a noun, and what follows it is a negative form to stress a high degree, e.g.:

（1）不做事，我一天也活不下去。

（2）一粒粮食也不能浪费。

（3）一个字也没错。

词语例解 *Words Study*

一、打算

动词，意思是"计划"、"想要"，在句中作谓语，后边要有一个动词性的结构作它的宾语。例如：

The verb "打算", meaning "plan" or "intend to", functions as a predicate followed by an object composed by a verbal structure, e.g.:

（1）原来他打算学习医学。

（2）今天休息，我打算进城买点儿东西。

（3）天气不好，我不打算去了。

"打算"也可以作为名词使用，意思是计划。例如：

"打算", used as a noun, means "a plan", e.g.:

（4）毕业以后你有什么打算？

（5）假期里你有什么打算？

（6）我现在没什么打算。

二、进而

连词，表示在原有的基础上再进一步，用于后一小句，前一小句先说明完成某事。例如：

As a conjunction, "进而" denotes a step forward. It is used to link two clauses, with the first stating the completed action and the second showing the step forward, e.g.:

（1）他打算用科学知识来医治病人，进而达到救国的目的。

（2）先学好一种外语，进而再学第二种外语。

（3）学外语要先把语音学好，进而慢慢地掌握语法。

（4）我们打算先在一些地方做试验，进而向全社会推广。

三、从事

动词，意思是做某种工作、干某种职业，一般来说，只有比较正式的、重要的或严肃的工作才使用"从事"。例如：

The verb "从事" means "be engaged in" or "take up... as one's profession". Usually, the profession one takes is very formal and serious, e.g.:

（1）于是他拿起笔，开始从事文艺创作。

（2）从大学毕业起，他就一直从事科学研究工作。

（3）他现在从事维护和平的事业。

（4）很多人积极从事环境保护事业。

（5）鲁迅为什么要从事杂文创作呢？

四、永远

副词，表示时间悠久，没有终止，可以用来修饰动词。例如：

As an adverb, "永远" means ever-lasting or ceaselessly, used to modify a verb, e.g.:

（1）我永远爱你。

（2）这件事我永远也忘不了。

（3）鲁迅永远是我们的榜样。

语法 Grammar

一、最……之一

从同类的人或事中举出一个典型来加以说明，意思是其中的一个。例如：

The expression, equal to English "one of the most..." is used to list the most typical or outstanding example among a certain group, e.g.:

（1）鲁迅是中国现代史上最伟大的文学家之一。

（2）长城是世界上最著名的建筑之一。

（3）中国是历史最悠久的文明古国之一。

（4）感冒是最常见的疾病之一。

二、用……来……

"用"后边有一个表示工具的名词或名词词组，"来"后边是一个动词或动词词组，要完成后边的这个动作，就要使用前边提到的那个工具。例如：

"用" is followed by a noun or a noun phrase to describe the tool used; "来" goes before a verb or verbal phrase, which can not be completed without the earlier-mentioned tool, e.g.:

（1）他打算用学到的科学知识来医治病人。

（2）鲁迅希望用文学作品来提高人们的觉悟。

（3）现在我们用纸来做一个玩具。

（4）请你用尺子来量一下。

三、达到……的目的

"目的"前面有一个动词性结构作"目的"的定语，说明这个目的的内容或性质，定语和"目的"之间要有结构助词"的"。例如：

What precedes "目的" is a verbal structure as an attributive to modify it, denoting the content of the purpose. The structural particle "的" should be inserted between the attributive and "目的", e.g.:

（1）他要达到救国的目的。

（2）我们批评坏人坏事，是要达到治病救人的目的。

（3）我学习汉语是要达到了解中国文化的目的。

（4）要达到健康长寿的目的，就要坚持锻炼。

四、通过

介词，用来引进动作的媒介或手段，"通过"的后边可以是名词、名词词组、动词或主谓词组。例如：

The preposition "通过" introduces the medium or means by which an action takes place. It can be followed by a noun, a noun phrase, a verb or a subject-predicate phrase, e.g.:

（1）我是通过朋友认识我爱人的。

（2）通过这本书，我了解了中国。

（3）通过学习，我掌握了很多知识。

（4）通过锻炼，我的身体比以前好多了。

（5）通过对风景的描写，作者表达了对祖国的热爱。

（6）通过老张介绍，我才到了这所学校。

五、养成……习惯

"养成"后边加上修饰"习惯"的定语就可以了。例如：

"养成" is followed by an attributive to modify "习惯", e.g.:

（1）我一生没有养成那样的习惯。

（2）孩子要从小养成良好的生活习惯。

（3）养成好的学习习惯是很重要的。

练习 *Exercises*

一、熟读下列词语

1. 改造思想　改造旧中国　改造世界　改造旧观念　改造荒地
改造河流

2. 从事文艺创作　从事教育工作　从事医务工作　从事科学研究工作
从事领导工作　从事体育事业

3. 进行调查　进行研究　进行创作　进行教育　进行揭露
进行了解　进行解释　进行保护　进行介绍　进行讨论
进行比较　进行斗争　进行改造　进行座谈　进行影响
进行讲解　进行创造　进行观察

二、用指定词语完成句子

1. 屈原是＿＿＿＿＿＿＿＿＿＿＿。　　　（之一）

2. 颐和园是＿＿＿＿＿＿＿＿＿＿＿。　　（之一）

3. 长城是＿＿＿＿＿＿＿＿＿＿＿。　　　（之一）

4. "李"姓是_____。 （之一）

5. 春节是_____。 （之一）

6. 这个周末，我_____。 （打算）

7. 春节时，杰克_____。 （打算）

8. 三木住进了医院，玛丽和朱丽叶_____。 （打算）

9. 原来我_____，现在由于钱的关系，_____
_____。 （打算）

10. 回国以后你_____? （打算）

11. 我大学毕业后一直_____。 （从事）

12. 她打算以后_____。 （从事）

三、用指定词语与下列词语造句

1. 调查　　　　中国儿童教育的情况　　（通过）

2. 锻炼　　　　身体好多了　　　　　　（通过）

3. 参观　　　　北京的四合院　　　　　（通过）

4. 介绍　　　　认识了王经理　　　　　（通过）

5. 睡前看书看报　　　　　　　　（养成……习惯）

6. 讲卫生　　　　　　　　　　　（养成……习惯）

7. 爱看书　　　　　　　　　　　（养成……习惯）

8. 饭后散步　　　　　　　　　　（养成……习惯）

9. 搞杂文创作　　　救国　　　　（达到……目的）

10. 辞职经商　　　　赚钱　　　　（达到……目的）

11. 学习汉语　　　　了解中国　　（达到……目的）

12. 锻炼身体　　　　健康　　　　（达到……目的）

四、将下列词语按照汉语的词序组成句子

1. 一天不如一天　由于　身体　学习紧张　我　的

2. 通过讨论　看法　大家　的　问题　对　一样了　这个

3. 是　在　开始从事　他　大学的时候　的　文学创作

4. 吃素食　常　他　为了　健康长寿

5. 周末 用 外国留学生 看电视 排解 来 乡愁
6. 我 听广播 用 常常 练习 听力 来
7. 我 用 喜欢 吃饭 来 的时候 聊天 中国人 跟 达到 口语 目的 练习 的

五、根据课文的内容判断下列句子的意思是否正确

1. 鲁迅是中国古代的文学家。 （　　）
2. 鲁迅姓鲁。 （　　）
3. 鲁迅到日本学习文学。 （　　）
4. 中国现代文学史上的第一篇白话小说是鲁迅的《狂人日记》。 （　　）
5. 鲁迅的作品对社会的发展起到了推动的作用。 （　　）
6. 鲁迅的作品在当时揭露了黑暗的社会，教育了人民。 （　　）
7. 鲁迅的作品除了小说以外，还有杂文。 （　　）
8. 鲁迅的杂文内容深刻，讽刺尖锐。 （　　）
9. 鲁迅已经逝世 70 多年了。 （　　）

六、讨论题

1. 你听说过鲁迅吗？你知道他的情况吗？
2. 学习医学在那个时期能不能救国？为什么？
3. 文艺作品对人的思想有没有影响？为什么？举例说明。
4. 为什么说鲁迅的著作和他的精神永远是中国人民的宝贵财富？

 阅读课文 *Reading Text*

"这时最好不要理我"

1927 年 9 月，鲁迅和许广平离开广州来到上海。到了上海，鲁迅不再教书了，专门从事写作。自从建立起了小家庭，许广平就像每一个温柔的妻子一样，细心地照顾、体贴鲁迅。

鲁迅原来生活很随便，没有什么规律，有了小家庭以后，尽管他努力改变自己，例如，头发不像以前那么长了，衣服也穿得干净了一些，然而，过去很多年养成的某些习惯却很难一下儿改变。许广平做姑娘时，生活却比较有规律，总是早睡早起，一天吃三顿饭。刚开始跟鲁迅一起生活，她感到很不习惯。不过，许广平从来

也不责怪鲁迅，而是尽量去适应他，这对她来说并不是一件很容易的事情。早上，许广平起床了，鲁迅还在睡大觉，到该吃午饭了，他刚下床，本来想叫他一起吃午饭，可是见他已经开始认真地工作了，许广平又不敢去打扰他，结果，午饭常常到晚上才吃。到了夜里，许广平困得睁不开眼睛了，而鲁迅却是写作最顺利的时候。这时候，他最不喜欢别人打断他的思路。有一次，已经很晚了，鲁迅还在灯下认真创作，许广平刚为丈夫做好一件新衣服，她很想让鲁迅高兴高兴，就轻轻地走到他旁边，温柔地说："休息一会儿吧，别太累了。"

"不累。"

许广平根本没有注意到鲁迅说话的声音有什么不对，就接着说："哎，你来试试这件新衣服。"

"不穿，我最不喜欢穿新衣服了。"

这时，许广平才发现，鲁迅虽然放下了手里的笔，却一脸的不高兴。许广平一下子不知道说什么好了，心里十分难受。

鲁迅知道自己的话伤了妻子的感情，他见许广平躺下了，就走过去，坐在她旁边，轻轻拍拍她的脸，说："还在生气啊?"

"我很抱歉，打断了你的思路。"许广平认真地说。

"你还不习惯我，写起东西来，别的什么事情都不考虑了，这时最好不要理我，甚至吃饭也是多余的。"

"那我以后就不理你，一直不理你好了。"

"哎哎哎，那可不行，要在特定的情况下不理我，懂吗？"

许广平实际上早就明白了丈夫的意思，但还是故意说："不懂。"

鲁迅听她说不懂，就继续解释说："特别是写小说，是不能休息的，过了一夜，那个创造出来的人脾气也许会改变，写出来就跟原来预料的不一样了，甚至会变成相反的了。以后你要是也写小说，就知道了。写文章的人，生活是没有办法调整的，我真佩服外国作家，到时候了，立刻停笔做别的事，我却没这个本领。"

"如果你和人家一样，就不叫鲁迅了。"许广平笑了。

鲁迅想起那件新衣服来，就说："哎，你知道我为什么不爱穿新衣服吗？我小时候，大人给我穿上新衣服后，就不让我碰这个，动那个，就像上了刑法，难受极了。"

许广平知道鲁迅就是这样一个奇怪的人，可那件衣服是她亲手为他做的呀，就问鲁迅："那件新衣服怎么办？"

鲁迅想了一会儿，说："送人，好吗？"

鲁迅等了半天，没听到回答，这才发现妻子已经睡着了，睡得很甜。于是，他轻轻地来到桌子旁边，把灯转动了一下，免得灯光照到她的脸上，影响她睡觉，然后又开始了写作，一直到第二天早上。

 阅读课文词语表 *Vocabulary for the Reading Text*

理	（动）	lǐ	to take notice of
教书		jiāo shū	to teach
细心	（形）	xìxīn	careful

体贴	（动）	tǐtiē	to give every care to
头发	（名）	tóufa	hair
责怪	（动）	zéguài	to blame
尽量	（副）	jǐnliàng	to try one's best
适应	（动）	shìyìng	to fit
打扰	（动）	dǎrǎo	to disturb
困	（动、形）	kùn	to feel sleepy
睁	（动）	zhēng	to open one's eyes
写作	（动）	xiězuò	to write
打断	（动）	dǎduàn	to interrupt
哎	（叹）	āi	hey
拍	（动）	pāi	to pat
多余	（形）	duōyú	unnecessary
特定	（形）	tèdìng	special
故意	（副）	gùyì	deliberate
脾气	（名）	píqì	temper
预料	（动）	yùliào	to expect
相反	（形）	xiāngfǎn	contrary
调整	（动）	tiáozhěng	to adjust
佩服	（动）	pèifú	to admire
刑法	（名）	xíngfǎ	corporal punishment
亲手	（副）	qīnshǒu	with one's own hand
转动	（动）	zhuàndòng	to turn round

灯光	（名）	dēngguāng	light

专名　Proper Nouns		
许广平	Xǔ Guǎngpíng	name of a person

 阅读练习 *Exercises for the Reading Text*

一、根据课文选择唯一恰当的答案

1. 建立小家庭以前，鲁迅与许广平在生活方面有什么不一样？（　　）

    A. 鲁迅喜欢早睡早起　　　　　　B. 许广平喜欢睡大觉

    C. 鲁迅生活不太规律　　　　　　D. 许广平吃饭较随便

2. 刚开始跟鲁迅一起生活时，许广平感到（　　）

    A. 不太适应　　B. 不太随便　　C. 不太自然　　D. 没有意思

3. 鲁迅认为自己与外国作家不同的是（　　）

    A. 外国作家写作时不想别的事　　B. 外国作家写起来就停不下来

    C. 他常常写着写着就改变主意　　D. 他不能在写作过程中被打断

4. 鲁迅不爱穿新衣服是因为他觉得新衣服（　　）

    A. 太花钱　　B. 不舒服　　C. 不好看　　D. 很奇怪

5. 许广平说以后"一直不理"鲁迅了，鲁迅听了以后表现出（　　）

    A. 挺生气的样子　　　　　　　　B. 没办法的样子

    C. 不理解的样子　　　　　　　　D. 很着急的样子

二、想一想，说一说

1. 鲁迅生活上和创作上有什么习惯？

2. 许广平是怎样照顾、体贴鲁迅的？

3. 哪些事情说明鲁迅是很爱许广平的？

第七课 Lesson 7

课文　Text

外国妈妈和中国女儿
A Foreign Mother and a Chinese Daughter

玛丽怎么也控制不住自己的感情，泪水一滴滴掉在手中那封简短的信上。信是这样写的：

亲爱的玛丽妈妈：

真不敢相信，明天我就能再见到您了。我做梦都梦见您那慈爱的眼睛。我盼着当面叫您一声妈妈。

女儿　小静

玛丽万万没有想到，一次偶然的相遇，竟使自己这个普普通通的外国留学生与一个中国农民的孩子结下了不解之缘。事情发生在去年夏天：暑假的一天，玛丽到离市中心几十公里的一个山区游览，她看到山上一群孩子在放羊，其中有一个小姑娘长得又瘦又小，看样子有七八岁，可是眼睛里充满了忧郁。

玛丽禁不住走过去问这些孩子，原来他们都是附近村子里的。这个村子到目前还没有摆脱贫穷，不少孩子都失学在家。那个小女孩儿名叫杨静，小学一年级还没读完，妈妈就病故了，爸爸瘫痪在床上。小杨静不仅失去了母爱，而且也失去了继续上学的机会，因为家里实在无力再供她读书了。

了解了小杨静的情况，玛丽产生了资助这个失学儿童的想法。玛丽问清了杨静的学校和校长的名字，然后把身上带的钱都塞给了她，对她说："我会负担你的书本费，你可千万不能灰心！"玛丽鼓励小杨静勇敢乐观地面对生活，克

服困难，努力学习，做一个有出息的孩子。

就这样，玛丽把资助杨静上学当做了自己的义务，一封封书信送去了鼓励，也送去了温暖。

杨静从玛丽那里得到了已经失去的母爱，她觉得自己的生命又有了依靠。她是个要强的好女孩儿，时刻也没有忘记"外国妈妈"对她的嘱咐和期望。她起早贪黑，一面读书，一面料理家务。每天吃过晚饭，一切收拾好后，她真想舒舒服服地睡一觉，可一想到"玛丽妈妈"，她就有了力量。

杨静一直盼望着见到她的"外国妈妈"，但她不愿意空手而来，让"妈妈"失望，她要将自己学习上的进步当作礼物献给"妈妈"。现在，她的礼物已经准备好了，经过一年的努力，她的成绩排在全年级第一名。由于她成绩优秀，学校破例允许她下学期从二年级直接升入四年级，这样一来，她就可以早日完成小学的学业了。这个好消息她并没有在信

中告诉玛丽，她要当面给"妈妈"一个惊喜。

　　夜深了，玛丽还没有放下小杨静的信，心情怎么也平静不下来。她在想她的这个"中国女儿"是不是长高了长胖了，她的光再也不会那么忧郁了吧……玛丽真恨不得明天马上到来。

 词语 *New Words*

控制	（动）	kòngzhì	to control
泪水	（名）	lèishuǐ	tears
滴	（动）	dī	to drop
简短	（形）	jiǎnduǎn	brief
见到	（动）	jiàndào	to see, to meet
梦	（名）	mèng	dream
慈爱	（形）	cí'ài	loving
当面	（副）	dāngmiàn	to somebody's face
声	（量）	shēng	a measure word
万万	（副）	wànwàn	absolutely
相遇	（动）	xiāngyù	to meet
普普通通	（形）	pǔpǔtōngtōng	ordinary
结	（动）	jié	become attached to
不解之缘		bù jiě zhī yuán	unshakable friendship
市中心	（名）	shìzhōngxīn	city center
山区	（名）	shānqū	mountain area

群	（量）	qún	group
放羊		fàng yáng	to tend sheep
充满	（动）	chōngmǎn	to fill with
忧郁	（形）	yōuyù	dejected
村子	（名）	cūnzi	village
目前	（名）	mùqián	at present
摆脱	（动）	bǎituō	to shake off
失学	（动）	shīxué	to be unable to go to school
女孩儿	（名）	nǚháir	girl
病故	（动）	bìnggù	to die of an illness
瘫痪	（动）	tānhuàn	to be paralyzed
母爱	（名）	mǔ'ài	maternal love
无力	（形）	wúlì	unable
供	（动）	gōng	to afford
读书	（动）	dúshū	to go to school
资助	（动）	zīzhù	to aid financially
儿童	（名）	értóng	children
想法	（名）	xiǎngfǎ	idea
校长	（名）	xiàozhǎng	headmaster
塞	（动）	sāi	to give
负担	（动、名）	fùdān	to bear
书本费	（名）	shūběnfèi	money for textbooks and exercise books
千万	（副）	qiānwàn	be sure

灰心	（动）	huī xīn	to be discouraged
乐观	（形）	lèguān	optimistic
克服	（动）	kèfú	to overcome
出息	（名）	chūxi	high-minded
义务	（名）	yìwù	obligation
书信	（名）	shūxìn	letter
鼓励	（动）	gǔlì	to encourage
温暖	（形）	wēnnuǎn	warm
要强	（形）	yàoqiáng	be eager to excel
时刻	（名）	shíkè	always
嘱咐	（动）	zhǔfù	to exhort
起早贪黑		qǐ zǎo tān hēi	to work from dawn to dusk
一面	（副）	yímiàn	while...
料理	（动）	liàolǐ	to manage
想到	（动）	xiǎngdào	to think of
盼望	（动）	pànwàng	to look forward to
空手		kōng shǒu	to bring nothing with oneself
失望	（形）	shī wàng	to be disappointed
当做	（动）	dàngzuò	to regard as
献	（动）	xiàn	to present with respect
优秀	（形）	yōuxiù	best
破例		pò lì	to break a rule
直接	（形）	zhíjiē	direct

升入	（动）	shēngrù	to promote
早日	（副）	zǎorì	at an early date
学业	（名）	xuéyè	one's studies
惊喜	（动）	jīngxǐ	happy surprise
心情	（名）	xīnqíng	state of mind
平静	（形）	píngjìng	calm
目光	（名）	mùguāng	eye sight
恨不得		hènbude	be anxious to
到来	（动）	dàolái	to come

专名　Proper Nouns

杨静	Yáng Jìng	name of a person

注释　*Notes*

一、玛丽怎么也控制不住自己的感情

这句话的意思是，不管玛丽用什么办法，都不能控制住自己的感情。"怎么"，在这儿是任指，后面接"也"，常用来表示"不管怎样（做），情况都会发生"的意思。例如：

The sentence means "However hard she tried, Mary couldn't control herself". Here "怎么" is used for indefinite reference，followed by "也" to express "No matter how hard one tries, one cannot...", e.g.:

（1）我怎么也睡不着觉。

（2）他怎么也想不起来了。

（3）今天是她生日，咱们怎么也得买点礼物送她。

二、与一个中国农民的孩子结下了不解之缘

"缘"，指缘分。迷信的人认为人与人之间有命中注定的遇合的机会，泛指人与人或人与事物之间发生联系的可能性。"不解之缘"，意思就是无法拆解的关系。"与……结下不解之缘"是套语。例如："他从四岁起就与音乐结下了不解之缘。"

"缘" denotes fate. Superstitions hold that fate prearranges for people to meet one another. But "缘" can be figuratively used in the meaning of "the possibility to link one with another". "不解之缘" means "undeniable fate as such". "与……结下不解之缘" is a formular as in "他从四岁起就与音乐结下了不解之缘", meaning "something is destined to be tied up to".

三、小学一年级

中国的教育分为初等教育、中等教育、高等教育三个阶段。小学是对儿童实施初等教育的学校。在中国，儿童一般从 6 岁或 7 岁开始上小学，小学的学制一般为 6 年。

Chinese educational system includes three stages: primary, secondary and higher education. A primary school is where a child gets his/her elementary education, which lasts for six years. Generally speaking, a child starts schooling at 6 or 7.

四、做一个有出息的孩子

"出息"指发展前途或志气，常说某人"有出息"或"没出息"。例如："这孩子从小就爱学习，将来一定会有出息。""那孩子一点出息也没有，只要给他吃的，让他干什么就干什么。"

"出息" is often employed to describe one's prospect or future. It goes with "有" or "没", respectively meaning "having a promising future" or "have no bright future". Hence we can say "这孩子从小就爱学习，将来一定会有出息。" (The kid loves to learn and will have a promising future.) "那孩子一点出息也没有，只要给他吃的，让他干什么就干什么。" (The child will have no bright future since he can do anything if offered something to eat.)

五、但她不愿空手而来，让"妈妈"失望

"空手"，指不带任何东西。"而"，连词，用来连接两个动词结构，前一个动词常表示方式、状态等。例如："我今天去书店买那本书，结果书早就卖完了，只好空手而回。"

"空手" means "bring nothing with oneself". The conjunction "而" here is used to connect two verbal structures of which the first one often indicates the way or state of something, e.g., "我今天去书店买那本书，结果书早就卖完了，只好空手而回。" (I went to the bookstore to buy a book, only to find the book is sold up and I have to go home with nothing.)

词语例解 *Words Study*

一、万万

副词"万万"意思是绝对、无论如何。作状语，仅用于否定句，通常与"不"、"没有"、"不可"、"不能"等连用。例如：

The adverb "万万", meaning "absolutely", acts as an adverbial in a negative sentence with words such as "不", "没有", "不可" or "不能" followed, e.g.:

（1）这件事是他万万没有想到的。

（2）你万万不能失去这么好的机会。

（3）一个人万万不可没有知识。

（4）他们这么快就结了婚，这是我万万没有想到的。

二、千万

副词"千万"，表示务必、一定。常用在祈使句里，作状语，表示说话人对听话人的劝告、请求、嘱咐。常与"要"、"别"、"不"等连用，加强肯定或否定的语气。重叠式"千万千万"语气更强。例如：

The adverb "千万", means "be sure", serves as an adverbial in an imperative sentence expressing one's advice, request or instruction to the listener. Intensifiers such as "要", "别" or "不" can follow "千万" to express a strong affirmation or negation. The repeated form "千万千万" sounds more emphatic, e.g.:

（1）路上车太多，你千万要小心。

（2）你来之前，千万要给我打个电话。

（3）这件事你千万不要告诉他。

（4）我对你说的这些话，你千万千万要记住。

（5）千万千万别再找她了，她快结婚了。

注意："千万"与"万万"意义相近，但"万万"不能用在肯定句中，例如，不能说："万万要小心"。另外，"千万"不能用在叙述句，只能用在祈使句，不能说"我千万没有想到……"。

Points to be noted: The meaning of "千万" is similar to that of "万万". However "万万" cannot be used in an affirmative sentence. It is incorrect to say "万万要小心". As for "千万", it cannot be used in a declarative sentence（"我千万没有想到" is considered an incorrect sentence），but can only be used in an imperative one.

三、经过

"经过"作介词时，同名词、动词或主谓词组一起构成介宾词组，表示产生某种情况的必要经过。例如：

The preposition "经过" forms a preposition-object structure with a noun, verb or subject-predicate phrase. What is after "经过" is usually a necessary step to the following-mentioned action, e.g.:

（1）经过这件事，玛丽认识到农民要摆脱贫穷是多么不容易。

（2）他们经过一年多的时间，终于解决了这个问题。

（3）经过大家的帮助，他的工作方法有了很大改进。

（4）经过双方共同努力，这次谈判终于获得了成功。

（5）经过老师一次一次教育，这个学生认识了自己的错误。

注意："经过"与"通过"在使用范围上有区别，"通过"一般不表示经历某段时间。如，一般不说："通过两年的时间……"。

Points to be noted: There are differences between "经过" and "通过" in usage. The latter generally does not indicate a specific period of time. Hence it is wrong to say "通过两年的时间……".

四、恨不得

"恨不得"用来表示一种强烈的要求或愿望，急切地想做成某事（多用于实际上做不到的事）。它的宾语往往是一个动词结构，中间常有"一"的动量词或"马上"、"立刻"、"都"等副词。例如：

"恨不得" is used to express one's strong desire to fulfill a dream (often impossible). Its object is often performed by a verbal structure with "一" or adverbs such as "马上", "立刻" or "都", e.g.:

（1）我恨不得一下子就学会汉语。

（2）这本小说太有意思了，我恨不得一天就看完。

（3）知道杨静要来，玛丽恨不得马上见到她。

（4）杨静恨不得立刻飞到玛丽那里。

（5）这里的衣服太漂亮了，她恨不得都买回家去。

（6）他非常想念她，恨不得每天都给她写信。

语法 *Grammar*

一、动词"住"作补语 The Verb "住" as a Complement

"住"可以放在某些动词后作可能补语或结果补语。

"住" can be placed after some verbs as a complement of possibility or complement of result.

1. 表示停止。例如：

It indicates a stop, e.g.:

（1）汽车停住了，走下来一个年轻人。

（结果补语 as a complement of result）

（2）我控制不住激动的心情，大声叫起来。

（可能补语 as a complement of possibility）

（3）他的腿受了伤，站不住了。

（可能补语 as a complement of possibility）

（4）这孩子太爱玩儿，总是坐不住。

（可能补语 as a complement of possibility）

（5）站住，把手举起来！

（结果补语 as a complement of result）

2. 表示牢固、稳固。例如：

It indicates firmness，e.g.：

（6）拿住，别掉在地上。

（结果补语 as a complement of result）

（7）放心，这些话我都记住了。

（结果补语 as a complement of result）

（8）你说得这么快，谁记得住啊？

（可能补语 as a complement of possibility）

（9）他已经两天没吃东西了，快坚持不住了。

（可能补语 as a complement of possibility）

二、介词 "离" 的用法　Usage of the Preposition "离"

介词 "离"，表示距离，相距。主语可以是非名词性的词语，主要有以下几种用法：

The preposition "离"，indicating the distance between two points, can be used in a sentence with a non-nominal subject. Its main usages are as follows:

1. 表示处所。例如：

It indicates locality, e.g.：

（1）这儿离我们学校不远。

（2）玛丽去的那个地方离市中心有 50 多公里。

（3）天津离北京很近，开车一个多小时就到了。

2. 表示时间。例如：

It indicates time，e.g.：

（4）现在离毕业只有半年了。

（5）离飞机起飞只有 20 分钟，他怎么还不来？

（6）离春节只有三天了，很快就能回家了。

3. 表示目的。例如：

It indicates a purpose，e.g.：

（7）他的口语不错，但离翻译的要求还有一定距离。

（8）我们的成绩离老师的要求还差得很远。

三、"一面……，一面……"格式
The Pattern "一面……，一面……"

副词"一面"常连用，构成"一面……，一面……"的格式，表示两种以上的动作同时进行。例如：

The repeated use of the adverb "一面" is to describe two or more actions that take place simultaneously, e.g.：

（1）他们一面学习，一面工作。

（2）杨静一面读书，一面帮爸爸料理家务。

（3）他一面吃，一面听音乐，一面看报纸。

有时，前一个"一面"可以省略。例如：

Sometimes the first "一面" can be omitted, e.g.：

（4）他认真听着，一面考虑着如何解决这个问题。

练习 Exercises

一、熟读下列词语

1. 控制自己的感情　控制数量　控制人口的增长　控制不住
控制住自己的眼泪　控制得了　控制不了　把……控制住

2. 失去亲人　失去母爱　失去影响　失去机会　失去作用
失去信心　失去一切

3. 充满阳光　充满空气　充满欢乐　充满幸福　充满信心
充满热情　充满力量　充满忧郁

二、选词填空

万万　　　　千万

1. 你去旅行，_____要把钱放好，不要让小偷把钱偷走。

2. 这件事你_____别告诉别人。

3. 街上车多人多，骑车_____得小心，_____不能违犯交通规则。

4. 你是学汉语的，到中国去留学，这是_____不能失去的好机会，
你得抓住。

5. 你第一次离开家，_____要注意身体，注意安全。

6. 这个饭店的服务这么好，这是我_____没有想到的。

7. 我把他当作好朋友，可_____没想到他是这种人。

通过　　　　经过

1. _____调查，警察把这次交通事故的原因搞清楚了。

2. _____一个月的时间，朱丽叶终于把调查报告写出来了。

3. _____与张教授的谈话，杰克了解了保护水资源的重要性。

4. _____一段时间的住院治疗，三木小姐的腿能走路了。

5. _____学习，玛丽了解了不少情况。

6. _____大家的努力，这次任务完成得又快又好。

7. _____一段时间的讨论，大家都觉得应该重视儿童教育问题。

8. _____这件事，我理解了什么是真正的爱情。

住　　　在　　　下

1. 老师说的句子同学们都记 _____本子上了。

2. 老师说的句子我都记_____了。

3. 三木小姐出了交通事故，腿受了伤，站不_____了。

4. 这几天他身体不太舒服，吃不_____东西。

5. 汽车停 _____了马路边，从车上下来很多人。

6. 汽车停_____了，从车上下来很多人。

7. 在病人面前，你要控制_____自己的感情，不要让病人感觉到他的病很重。

8. 记 _____，在学校住 _____以后，给我来个电话。

三、用指定词语与下列词组造句

例：恨不得　　回家

　　我特别想念爸爸妈妈，我恨不得马上回家看他们。

1. 让家乡的小伙伴都过上好日子。

2. 见到丈夫万喜良。

3. 把今天的经历告诉玛丽。

4. 中国富强起来。

5. 见到她的"外国妈妈"。

例：离　　　起飞时间

　　现在离起飞时间只有一刻钟了。

1. 市中心　　　　　2. 毕业　　　　　3. 新年

4. 老师的要求　　　5. 翻译的标准

四、用汉语解释下列词语

1. 梦见 ——

2. 当面 ——

3. 不解之缘 ——

4. 禁不住 ——

5. 失学 ——

五、根据课文内容判断下列句子的意思是否正确

1. 玛丽遇见那个小姑娘时，小姑娘已失学在家干活。　（　　）

2. 小姑娘杨静是村里的失学儿童之一。　（　　）

3. 杨静失学的原因是要在家照顾瘫痪的父亲。　（　　）

4. 玛丽只负担杨静的书本费。　（　　）

5. 杨静要做一个有出息的孩子。　（　　）

6. 杨静每天吃过晚饭，收拾好以后都要读书。　（　　）

7. 明天外国妈妈就要来了。　（　　）

8. 杨静献给外国妈妈的礼物是优秀的学习成绩。　（　　）

9. 杨静已经读完二年级，下学期上三年级。　（　　）

10. 杨静可以提前小学毕业。　（　　）

六、讨论题

1. 杨静为什么失学？

2. 玛丽为什么要帮助杨静？你认为玛丽做得对不对？

3. 你们国家有没有失学的孩子？他们为什么失学？

阅读课文 Reading Text

一位农民母亲和一名穷学生

张凤是一个普普通通的农村妇女，1987 年，她在家乡办起了一个小工厂，赚了不少钱，虽然她自己恨不得一分钱掰成两半花，但各项社会福利事业却都少不了她的份儿。

这天，张凤听说了一名农村穷学生的遭遇，心里非常难受。县中学一个叫马杰的学生以全省第二名的高考成绩被北京一所大学录取了。这应该是一件让人高兴的事情，但马杰一家却一点儿也高兴不起来，因为这个家庭实在太困难了。马杰9岁时母亲就去世了，13岁时爸爸又病倒在床上。父母看病花了不知多少钱，一家四口现在全靠着爷爷和小妹妹。几年里，马杰曾经几次失学，是学校的老师和同学们帮助他勉强读完中学。到北京上大学不像在自己家门口，一年要花一万元钱，这对马杰一家来说实在是不可想象的。自从听说自己被大学录取后，马杰一直非常矛盾。上大学曾经是他多年的愿望，他不愿意失去这样的机会。可是自己家里的情况，又使他感到失望。想到爷爷和小妹妹每天都在为他受苦受累，他伤心极了。他几次走到学校门口，想对校长说他不去北京上大学了，最后还是走了回来。学校的老师和同学们给马杰凑了3000元钱，然而对于他这样一个家庭来说，这点钱又能解决什么问题呢？

马杰的遭遇和他刻苦学习的精神深深感动了张凤。她也是很小就失去了母亲，知道没有妈妈的孩子是多么不容易。她自己没能上大学，更清楚知识的宝贵。张凤决心帮助马杰。她拿出6000元钱交给县中学校长，说："大家都别着急了！这孩子4年上大学要用的钱我负责了！这是今年的，以后我再按时寄给他！"

张凤的行动不仅使马杰看到了希望，也深深感动了县中学的领导和老师。大家一面感谢张凤帮助学校解决了一个大难题，面提醒她，马杰上 4 年大学得花差不多四万元，这钱数对她来说也不少。因为大家了解张凤，虽然她这些年把工厂办得不错，但她每年都拿出相当一部分钱办社会福利事业，再说，工厂的发展也需要钱啊。校长建议由县中学老师和张凤共同帮助马杰，张凤不同意，她说："老师们也都不容易，平时在马杰这样的学生身上已经花了不少钱了，马杰上 4 年大学不管花多少钱都由我负担。"

这天下午，校长陪马杰来到张凤家，一进门马杰就跪在地上叫了一声"妈！"张凤忙把他扶起来，说："你就叫我张阿姨吧！"

马杰上大学走以前，张凤给他买了一个大书包和几件新衣服，并把小儿子刚洗了一次的毛衣和衬衫给了他，又拿上几双新鞋，差不多够马杰穿一年的。

马杰上北京这天是爷爷陪着来的。老人流着眼泪说："这孩子真是有福气，遇到您这样的好人！他从小没妈，您就让他做您的儿子吧！"说着就要跪下。张凤赶快扶住老人，说："您这样，我就不好意思了。我儿女多，还是让他叫我阿姨吧。我看马杰这孩子有出息，以后一定能成为对国家有用的人。不要对我说感谢的话，只要他能刻苦学习，我就满足了。"

马杰进了大学，更觉得自己身上的压力大。他不能忘记一位母亲对孩子的希望，他必须努力、努力、再努力。刚来北京的那两天，学校还没有开始上课，同学们都去故宫、颐和园玩儿，他却自己跑了好几家商店，最后才在一个邮局买到一张写着"世上只有妈妈好"八个字的明信片，马上寄给了自己天天想念的"妈妈"。

阅读课文词语表 Vocabulary for the Reading Text

穷	（形）	qióng	poor
福利	（名）	fúlì	welfare
份儿	（名）	fènr	share
遭遇	（动、名）	zāoyù	experience
高考	（名）	gāokǎo	university entrance examination
录取	（动）	lùqǔ	to admit
勉强	（形、动）	miǎnqiǎng	with difficulty
想象	（动、名）	xiǎngxiàng	to imagine; imagination
受苦		shòu kǔ	to suffer
受累		shòu lèi	to be put to much trouble
伤心		shāng xīn	sad
刻苦	（形）	kèkǔ	hardworking
感动	（动）	gǎndòng	to be touched
负责	（动、形）	fùzé	to be responsible
提醒	（动）	tíxǐng	to remind
跪	（动）	guì	to go down on one's knees
眼泪	（名）	yǎnlèi	tears
福气	（名）	fúqì	happy lot
不好意思		bù hǎoyìsi	embarrassing
世上	（名）	shìshang	in the world
明信片	（名）	míngxìnpiàn	post card
想念	（动）	xiǎngniàn	to miss

专名　　Proper Nouns		
张凤	Zhāng Fèng	name of a person
马杰	Mǎ Jié	name of a person

阅读练习　Exercises for the Reading Text

一、根据课文选择唯一恰当的答案

1. 张凤赚了钱以后，对各项社会福利事业（　　）
   A. 很少花钱　　　　　　　　B. 积极支持
   C. 没机会参加　　　　　　　D. 还不太了解

2. 马杰听说自己考上了大学，感到非常（　　）
   A. 高兴　　　　B. 骄傲　　　　C. 矛盾　　　　D. 奇怪

3. 张凤今后每年平均要资助马杰多少钱？（　　）
   A. 1000 元　　B. 2000 元　　C. 6000 元　　D. 10000 元

4. 马杰叫张凤"妈妈"，张凤觉得（　　）
   A. 十分满足　　B. 不太习惯　　C. 有点奇怪　　D. 没有什么

5. 张凤为马杰准备的衣服（　　）
   A. 都是自己做的　　　　　　B. 都是新买来的
   C. 儿子都穿过了　　　　　　D. 够他穿一年的

二、想一想，说一说

1. 马杰有怎样的家庭遭遇？
2. 张凤是怎样帮助马杰的？
3. 马杰是一个什么样的人？这个故事都告诉了我们什么？

第八课 Lesson 8

课文 *Text*

把人往好处想
Bear the Kindness in Mind

这天下午发生的事，给三木由子留下的记忆是终生难忘的，因为这件事多多少少改变了她对人、对社会的某些看法。

这是一个春天的下午，三木由子下班回家，将一个精巧的文件包夹在自行车的后架上。一阵阵温暖的春风吹在脸上，她感到一种少有的愉快。

路上，正好遇到一位过去的朋友，又同路，于是，两个人边骑边聊。中途经过一个热闹的农贸市场，人多拥挤，俩人便推着车往前走。三木由子越说越高兴，早就忘了后架上的那个小包儿。她直到快到家才想起来，回头一看，小包儿已经不翼而飞了。那包里装着一个月的工资和公司里几份重要的文件，三木由子叫苦不迭。

进了家门，她马上告诉了丈夫，心想丈夫一定会跟自己一起骂小偷可恨可气。没想到丈夫听完她的叙述，却不紧不慢地说：

"你怎么肯定是别人偷了呢？怎么见得不是你自己掉在哪儿了呢？"

"这根本不可能，我哪儿那么笨啊！"由子说。

"你也别那么肯定，你说是人家偷的，你有什么根据？"

"凭感觉，我的感觉没错。"

不料，这事还真的被丈夫说中了。刚吃完晚饭，就有人把文件包送回来了。送包的是一位十来岁的小姑娘，圆圆的脸上闪动着一双天真、漂亮的大眼睛。

小姑娘上气不接下气地说："阿姨，这包是您的吗？我见里面有封信，就按上面的地址找来了。您看看包里的东西少没少。"

三木由子不好意思地问她是在什么地方捡到的。

"在一个挺漂亮的小白楼前面。"小姑娘说。

由子知道她说的那座小白楼就是自己上班的地方，原来这小包儿一出公司的大门就掉了，真是自己错了。

丈夫一直坐在沙发上默默地喝茶，等小姑娘一走，便埋怨由子说："你这个人让我怎么说好呢，凡是遇到不顺心的事儿，总要把别人往坏处想，干吗就不往好处想想呢？"

由子知道丈夫指的不只是今天这件事。比如，自己做什么事不成功，便怀疑是某人捣乱；听到别人说自己不爱听的话，就认为人家不怀好意；丈夫回家脸上不高兴，就认为是对自己不满意。整天不是怀疑这个就是怀疑那个，好像所有的人都在跟自己作对。

中国有句俗话："世上本无事，庸人自扰之"，看来，自己真是有点儿庸人自扰了。

三木由子又想起了小时候父亲常跟她说："你应该明白，世界上还是好人多。"这个道理三木由子不是不懂，只是一遇事时就忘了。现在看来，既然好人多，遇到不顺心的事就不该把别人往坏处想。当然，凡事多往好处想也有想错的时候，把个别坏人误认为好人也有可能。即便如此，也比把好人当作坏人强，至少不会伤害别人，自己也能凡事心平气和。

丈夫仍在默默地喝茶，窗外又吹来那阵阵温暖的春风。由子打开那个小包，工资、文件、信一样也没少，想起自己曾经认定包儿是让贼偷了，真是有点滑稽，好在捡包儿的小姑娘并不知道自己先前的判断，不然就太……

词语 New Words

记忆	（动、名）	jìyì	to remember, memory
终生难忘		zhōngshēng nánwàng	unforgettable for all one's life
精巧	（形）	jīngqiǎo	exquisite
文件包	（名）	wénjiànbāo	briefcase, portfolio

夹	（动）	jiā	to clamp
后架	（名）	hòujià	rear holder
阵	（量）	zhèn	a measure word
春风	（名）	chūnfēng	spring breeze
吹	（动）	chuī	to blow
脸上	（名）	liǎnshang	face
少有	（形）	shǎoyǒu	rare
同路		tónglù	travelling partner
边	（副）	biān	while
中途	（名）	zhōngtú	half way
农贸市场		nóngmào shìchǎng	farm products market
拥挤	（动、形）	yōngjǐ	to be crowded
便	（副）	biàn	so, therefore
推	（动）	tuī	to push
直到	（动）	zhídào	up to, until
回头		huí tóu	to turn round
不翼而飞		bú yì ér fēi	to vanish without trace
工资	（名）	gōngzī	wage, salary
文件	（名）	wénjiàn	document
叫苦不迭		jiào kǔ bù dié	to pour out endless grievances
心	（名）	xīn	heart
骂	（动）	mà	to curse
可恨	（形）	kěhèn	hateful

可气	（形）	kěqì	annoying
没想到		méi xiǎngdào	unexpectedly
叙述	（动）	xùshù	to relate
不紧不慢		bù jǐn bú màn	unhurriedly
见得	（动）	jiàndé	to seem, to appear
笨	（形）	bèn	stupid
凭	（动、介）	píng	to rely on
不料	（副）	búliào	to one's surprise
圆圆	（形）	yuányuán	round
闪动	（动）	shǎndòng	to shine
天真	（形）	tiānzhēn	innocent
里面	（名）	lǐmian	inside
按	（介）	àn	according to
不好意思		bù hǎoyìsi	embarrassing
捡	（动）	jiǎn	to find, to pick up
楼	（名）	lóu	building
沙发	（名）	shāfā	sofa
默默	（副）	mòmò	silently
埋怨	（动）	mányuàn	to complain
凡是	（副）	fánshì	every, any
顺心	（形）	shùnxīn	satisfactory
坏处	（名）	huàichù	disadvantage
干吗	（代）	gànmá	why

好处	（名）	hǎochù	advantage
怀疑	（动）	huáiyí	to doubt
某	（代）	mǒu	certain, so-and-so
捣乱		dǎo luàn	to make trouble
爱听		ài tīng	to like to listen
不怀好意		bù huái hǎoyì	to harbour evil designs
作对	（动）	zuòduì	to oppose
俗话	（名）	súhuà	saying
世上本无事		shìshàng běn wúshì	The world is in peace
庸人自扰之		yōngrén zì rǎo zhī	why worry about imaginary troubles
庸人自扰		yōngrén zì rǎo	A mediocre person worries about imaginary troubles
遇事		yù shì	when anything crops up
凡	（代）	fán	any, every
个别	（形）	gèbié	individual
坏人	（名）	huàirén	bad person
误认	（动）	wùrèn	to mistake
即便	（连）	jíbiàn	even if
好人	（名）	hǎorén	good person
伤害	（动）	shānghài	to hurt
心平气和		xīn píng qì hé	calmly
窗外	（名）	chuāngwài	outside the window

认定	（动）	rèndìng	to believe
包儿	（名）	bāor	briefcase
贼	（名）	zéi	thief
滑稽	（形）	huájī	funny, amusing
好在	（副）	hǎozài	luckily
先前	（名）	xiānqián	before, previous
判断	（动、名）	pànduàn	to judge, judgment
不然	（连）	bùrán	otherwise

 注释 Notes

一、这件事多多少少改变了她对人、对社会的某些看法

这句话意思是，这件事对三木由子肯定有影响，不管这种影响是大还是小。

The sentence means "The event definitely has changed Miky's view on the human world and society whatever the impact may be".

副词"多少"可重叠成 AABB 式，表示或多或少。例如：

The adverb "多少" can constitute a repeated form of "AABB", meaning "to some extent", e.g.:

（1）他的话多多少少让人感到有些奇怪。

（2）这件事我多多少少知道一点。

"某"是代词，一般不单用，主要作修饰语，指不确定的人或事物，多用于书面语。例如："某人"、"某事"、"某年"、"某月"、"某地区"、"某一个人"、"某几件事"、"某种原因"等。

Generally the pronoun "某" does not stand by itself but functions as a modifier to express the meaning "certain" or "some" as in "某人"，"某事"，

"某年"，"某月"，"某地区"，"某一个人"，"某几件事" or "某种原因".

二、她感到一种少有的愉快

这句话意思是，"她以前很少像今天这样愉快。"

The above sentence means "She never felt so happy as today".

"少有"，表示很少有某种情况，类似情况有"少见"。例如：

"少有" means "rarely". Here are two more sentences with the similar usage:

（1）这是一种少有的情况。

（2）这是一种很少见的病。

三、农贸市场

在中国，农贸市场是农民和个体摊贩出售农副产品的场所。

In the past few years there are more and more flourishing fairs or markets in Chinese urban areas for farmers and individual peddlers to sell products.

四、回头一看，小包儿已经不翼而飞了

"不翼而飞"是个成语，意思是没有翅膀也能飞，最初比喻（消息等）流传得极快，现也指财物突然丢失。这句话是说三木由子的包儿早就丢了。例如："他发现自己放在门口的自行车不翼而飞了。"

"不翼而飞" is an idiomatic expression, literally meaning that one can fly without wings. It was firstly used to express the speed of the speading of information. Now it is intended for the sudden loss of valuables. The above sentence indicates that Miky's portfolio have been missing for a long time. Another example: "他发现自己放在门口的自行车不翼而飞了。"

五、怎么见得不是你自己掉在哪儿了呢?

三木由子的丈夫的意思是，"你不能肯定文件包是被别人偷了。"

What Miky's husband intends to say is that "you can not be sure that your portfolio have been stolen."

"怎么见得"，是反问，等于说 "不见得"，即 "不一定"。例如："你怎么见得我不会呢，我学过很多年了。"

Similar to "不见得"，"怎么见得"，"怎么见的" is used here in a rhetorical question, meaning "unnecessarily so". Similarly one can say "你怎么见得我不会呢，我学过很多年了。"

"哪儿"，是虚指，表示某个地方。

"哪儿" is used for indefinite reference, meaning "somewhere".

六、小姑娘上气不接下气地说

"上气不接下气"，形容喘息得很厉害。例如："他太胖了，刚爬到三楼，就上气不接下气了。"

"上气不接下气" literally means that you can not breath continuously because of tiredness. It denotes that one is so tired that he or she "out of breath", e.g., "他太胖了，刚爬到三楼，就上气不 接下气了。"

词语例解 *Words Study*

一、凭

介词 "凭" 表示凭借、根据、依靠。常构成介宾词组，作状语。例如：

The preposition "凭", means "rely on", usually used to form a preposition-object phrase as an adverbial, e.g.:

（1）这种事不能凭感觉来干。

（2）你凭什么不让我去。

（3）这次成功，全凭大家的帮助。

（4）凭我多年的经验，这个问题并不那么简单。

（5）凭我对他的了解，他根本不是那种人。

二、不料

连词"不料"表示转折，意思是"事先没有预想到"、"出乎意外"。例如：

The conjunction "不料", denoting a adversative relation, means "unexpectedly", often used to express that something is beyond the speaker's expectation, e.g.:

（1）我正要走，不料，外边下起了大雨。

（2）三木由子刚要回家，不料遇到了多年不见的老朋友。

（3）三木由子与老朋友越聊越痛快，不料，文件包不翼而飞了。

（4）三木由子心想丈夫肯定会骂小偷，不料他却说她自己不好。

（5）她刚要结婚，不料男朋友突然生重病了。

三、不好意思

"不好意思"主要有两个意思：

"不好意思" bears two senses:

1. 表示"害羞"，在句中作谓语、宾语、状语或补语。例如：

It functions as a predicate, an object, an adverbial or a complement, expressing the meaning of "shy" or "embarrassed", e.g.:

（1）大家说她唱得很好听，她有点不好意思了。

（2）三木由子知道自己错了，感到很不好意思。

（3）听了丈夫的话，她不好意思地低下了头。

（4）她被看得有点不好意思了。

2. 表示碍于情面不便或不愿意做某事，只用作状语。例如：

It expresses one's unwillingness to do something and only functions as an adverbial, e.g.:

（1）有什么问题，不要不好意思问。

（2）他给我打了几次电话让我去，我不好意思不去。

（3）咱们是朋友，你有什么不好意思说的？

（4）他很忙，我不好意思麻烦他。

四、凡是

副词"凡是"表示总括某个范围内的一切，有"只要是"的意思，一般用在句首，后面常有"总是"、"都"、"就"、"没有不"等词语与之呼应。

As an adverb, "凡是" denotes everything among a certain scope, meaning "as long as it belongs to...". It usually precedes a sentence with "总是", "都", "就" and "没有不" as a corresponding word in the following sentence, e.g.

（1）凡是认识他的人，都非常喜欢他。

（2）凡是不常用的词，总是忘得很快。

（3）凡是去过那个地方的人，没有不说那儿美的。

（4）凡是我喜欢的，他就不喜欢。

（5）凡是在那个商店买的东西，一个星期之内都能退。

 语法 *Grammar*

一、构词法："可"＋动词　Word Formation："可"＋Verb

"可"可以作为一个前缀，与某些表示心理状态的单音节动词组合，构成形容词。例如：

"可" can be used as a prefix to form an adjective with a monosyllabic that expresses psychological state, e.g.：

"可"＋"爱"——可爱

"可"＋"怕"——可怕

又如："可笑"、"可恨"、"可气"、"可疑"、"可喜"、"可怜"等。

Other adjectives of the same formation are "可笑"，"可恨"，"可气"，"可疑"，"可喜" and "可怜", etc.

二、干吗

"干吗" for interrogation

"干吗"是"干什么"的口语形式，有"为什么"、"做什么"的意思，用来询问目的或原因。可放在句子最后，也可用于谓语前面。例如：

"干吗" is the colloquial equivalent of "干什么" in Chinese，bearing the sense of "why" or "what for". It can go either at the end of a sentence or before a predicate, e.g.:

（1）你今天去那儿干吗？（做什么）

（2）你找我干吗？（做什么）

（3）这么好的天气，我们干吗呆在家里？（为什么）

（4）这么晚了，干吗还不睡？（为什么）

（5）"玛丽！"——"哎，我在这儿，干吗？"（有什么事）

有时，用"干吗"表示的是一种反问语气，意思是"没有必要"。例如：

Sometimes "干吗" is used rhetorically to express the meaning of "unnecessarily"，e.g.:

（6）天这么热，你干吗还穿那么多衣服？

（7）飞机八点才起飞，干吗这么早就去机场？

注意：询问客观事物的道理，只能用"为什么"或"怎么"，一般不能用"干吗"。例如："人为什么离开水就不能生活呢？"（不能说成"人干吗离开水就不能生活呢？"）

Points to be noted: When inquiring about objective hows and whys, one can only use "为什么" or "怎么" instead of "干吗". Hence "人为什么离开水就不能生活呢？" can not be said as "人干吗离开水就不能生活呢？"

三、双重否定 Double Negation

有时，连用两个否定形式，可以构成双重否定。这种"否定的否定"的形式，实际上表示肯定的意思，只是语气更强。例如：

Sometimes the double negation forms an emphatic affirmation. This is also called negation of negation, bearing a positive meaning with a stronger tone, e.g.:

（1）这个道理三木由子不是不懂。

（2）我不是不愿意去，是实在没时间。

（3）这个消息我不能不告诉你。

（4）这种事以前不是没有发生过。

（5）这个道理他不会不明白。

练习 *Exercises*

一、熟读下列词语

1. 经过南京　　　经过这里　　　经过三年　　　经过艰苦的斗争

　　经过挫折　　　经过努力　　　经过讨论

　　经过宣传　　　经过家长　　　介绍……的经过　　　说一说……的经过

2. 凭什么　　凭感觉　　凭借书证借书　　凭劳动生活　　凭着两只手吃饭

3. 说中　　　　猜中　　　　打中　　　　选中

　　中毒　　　　中暑　　　　中奖　　　　中选

二、用指定词语改写下列句子

1. 这件衣服一百二十块，你给我的钱不多不少。　　　　　　（正好）

2. 你要听那张 CD，不用买了，我那儿有一张。　　　　　　（正好）

3. 我刚要给玛丽打电话，她来了。　　　　　　　　　　　　（正好）

4. 我们刚到车站，汽车就来了。　　　　　　　　　　　　　（正好）

5. 这些水果不多不少，整五斤。　　　　　　　　　　　　　（正好）

6. 杰克到玛丽房间时，玛丽正在看一篇关于中国教育问题的
文章，杰克也很感兴趣，就跟玛丽讨论起来。　　　　　　（正好）

7. 我刚要出门，没想到下起了大雨。　　　　　　　　　　　（不料）

8. 三木开着车去上班，没想到发生了交通事故。　　　　　　（不料）

9. 朱丽叶去市场买东西，没想到忘记带钱包了。　　　　　　（不料）

10. 我有进步，全靠同学和老师的帮助。　　　　　　　　　　（凭）

11. 这次比赛为什么不让我参加？　　　　　　　　　　　　　（凭）

12. 我们了解他，他是让我们相信的人。　　　　　　　　　　（凭）

13. 这两种意见完全不同。 （根本）

14. 他的英文一点儿都不好，怎么能当翻译呢？ （根本）

15. 这个问题这么解决是不行的。 （根本）

16. 学校所有的老师我都认识。 （凡是）

17. 学过的生词他差不多都能记住。 （凡是）

18. 只要是水果我就爱吃。 （凡是）

19. 他游览过的地方都照过相。 （凡是）

20. 只要是球赛，我就愿意看。 （凡是）

三、用"边……边……"完成句子

1. 三木由子、玛丽和杰克一起游览长城，他们_____。

2. 杰克参观四合院时，_____。

3. 杰克、朱丽叶和玛丽一起去听"龙与中国文化"讲座，他们_____。

4. 杰克拿出粽子给朋友们吃，他_____。

5. 老师给学生讲解词语时常常是_____。

四、将下列句子改成双重否定的形式

例：只有劳动才能有收获。

不劳动就没有收获。

1. 只有发展生产才能提高生活水平。

2. 只要想办法就能克服困难。

3. 先调查清楚，才能解决好问题。

4. 发音正确，别人才听得懂。

5. 保护好水资源，才能满足人类的生活需要。

6. 常常锻炼，身体才能健康。

7. 这个问题只有经过讨论才能搞清楚。

8. 小贞的丈夫认为经商才能赚到钱。

五、用汉语解释下列词语

1. 终生难忘 ——

2. 不翼而飞 ——

3. 不顺心 ——

4. 不是不懂 ——

六、根据课文内容判断下列句子的意思是否正确

1. 这件事完全改变了三木由子对人、对社会的某些看法。　　　（　　）

2. 三木由子的小包是在农贸市场附近丢的。　　　（　　）

3. 小姑娘是在农贸市场附近捡到的小包。　　　（　　）

4. 小包是自己掉下去的。　　　（　　）

5. 丈夫说由子好。　　　（　　）

6. 丈夫批评由子不应该随便怀疑别人。　　　（　　）

7. 丈夫也认为世界上还是好人多，所以遇事应该把人往好处想。　　　（　　）

8. 经过这件事，三木由子接受了教训。　　　（　　）

七、讨论题

1. 三木由子丢了小包后的想法对不对？为什么？

2. 三木由子丈夫的意见对不对？为什么？

3. 你丢过东西吗？当时你是怎么想的？

 阅读课文 *Reading Text*

一个陌生的男孩儿

　　我们生活在这个世界上，人与人之间总要互相帮助。当我们得到别人帮助的时候，往往不是一句"谢谢"就可以表达我们心里的全部感激的。有这样一件事情是我一生都忘不掉的，一个陌生的男孩儿给我心里留下的温暖永远也不会消失……

　　那是今年夏天的一个早晨，已经怀孕六个多月的我坐公共汽

车去上班。可没想到，汽车进站以后，人们上车、下车非常拥挤，不知道是谁把我的鞋踢掉了。当我正要请身边的人让开去捡鞋时，那鞋却随着"啪"的一声关门声被甩出了车门外。

车开了，我一下子不知道怎么办好。"鞋掉了，我的鞋掉了。"我大声跟售票员说。售票员看了我一下，没明白过来是怎么回事。"停车呀，她的鞋掉在车外边了。"我身边的一个陌生男孩儿也帮我向售票员解释。看上去他像一个中学生，一件黄色的衬衣，一脸的天真。车停了，可往车

后一看，鞋早就不知飞到哪儿去了。我犹豫了，挺着这么一个大肚子，怎么去捡鞋呀？"谁帮她下车去找找呀？"售票员大声说。我不好意思地看了一下那个男孩，他一下就明白了我的意思，立刻下车往后边跑去……

当他上气不接下气地拿着鞋跑回来的时候，车上早就是一片称赞声了，我既非常感激那个男孩儿，又觉得不好意思，因为耽误了大家的时间，我真觉得自己做了一件大错事，对不起大家，更对不起跟我一点关系也没有的男孩儿。我甚至想，像我这个样子的人根本就不应该去上班，根本就不应该坐公共汽车，给别人带来那么多麻烦，实在是太不应该了。陌生男孩儿见我不好意思的样子，心平气和地说："谁不会遇到点儿事呀？"。我不知道该怎么回答才好，只是一遍一遍重复"谢谢"两个字，男孩儿对我轻轻地笑了笑就再也没说什么。

汽车又开动了，我在想如果没有这个男孩儿的帮助，我该怎么办呢？我想着应该怎么用一种更好的方法来表达我对他的感激。正想着，我发现他在往车门那边走，我知道他要下车了，我想再对他说点儿什么，哪怕只是"再见"两个字也行，可我什么也没说，也许是来不及说吧。车门一开，他就下去了。我看见他在车下回头看了看我，那双天真的眼睛好像要对我说什么，使我心里突然有一种十分温暖和舒服的感觉。

事情过去后的几个月里，我每天出去上班总是随身带着一件小礼物，希望再次见到那个男孩儿，好把礼物送给他。然而，我却一次一次地失望了。现在我的孩子已经出生了，我正在家里休假，几个月都不会去上班。如果能再次见到那个男孩儿，我想也该是明年的夏天了，他会长高的，他会变样子的，我也许会不认识他了。但是，那天在公共汽车上发生的事，我会永远记住的。

 阅读课文词语表 *Vocabulary for the Reading Text*

往往	（副）	wǎngwǎng	always
表达	（动）	biǎodá	to express
感激	（动）	gǎnjī	to be grateful
消失	（动）	xiāoshī	to disappear
怀孕		huái yùn	to be pregnant
身边	（名）	shēnbiān	beside oneself
啪	（象声）	pā	an onomatope
中学生	（名）	zhōngxuéshēng	high school pupil
黄色	（名）	huángsè	yellow

衬衣	（名）	chènyī	shirt
挺	（动）	tǐng	to erect
重复	（动）	chóngfù	to repeat
开动	（动）	kāidòng	to start
哪怕	（连）	nǎpà	even if
随身	（副）	suíshēn	with oneself
明年	（名）	míngnián	next year

阅读练习 Exercises for the Reading Text

一、根据课文选择唯一恰当的答案

1. 第一段，作者的主要意思是，当别人帮助我们时，我们（   ）

　　A. 应该永远记住这件事　　　　　B. 不能只说一声"谢谢"

　　C. 很难表达我们的全部感激　　　D. 说一声"谢谢"是必要的

2. 作者的鞋掉了，为什么她自己不去捡？（   ）

　　A. 售票员不让她下车　　　　　　B. 她身体行动不方便

　　C. 她的肚子不太舒服　　　　　　D. 她不知道鞋弄掉了

3. 那个陌生男孩帮作者捡回鞋来，车上的人们（   ）

　　A. 没有任何表示　　　　　　　　B. 对他表示称赞

　　C. 不让他再上车　　　　　　　　D. 说他耽误时间

4. 作者是怎样感谢那个陌生男孩儿的？（   ）

　　A. 她只对他轻轻地笑了笑　　　　B. 她送给了他一件小礼物

　　C. 她不断地对他说"谢谢"　　　　D. 她没来得及谢他他就走了

5. 关于那位售票员从课文里我们可以知道什么？ （　　）

　　A. 她说话不客气　　　　　　　B. 她工作很认真

　　C. 她对人挺热情　　　　　　　D. 她行动非常慢

二、想一想，说一说

　　1. 男孩帮作者捡鞋，车上的人和作者都是怎么想、怎么说的？

　　2. 公共汽车上发生的一切说明了什么？

　　3. 作者为什么要永远记住那天在公共汽车上发生的事儿？

第九课　Lesson 9

课文　Text

杜绝校园里的不文明现象
Keep away from Impoliteness and Rudeness

　　杰克所在的大学是一所有近百年历史的名牌大学。自从杰克来这里任教，他就被校园里良好的气氛感染着。这里的大学生们有一种勤勤恳恳、奋发向上的精神，尤其是他教的那些学生，个个勤奋好学、刻苦认真，给他留下了深刻的印象。他一直为自己能在这样一所大学工作而感到幸运。

　　然而，最近也发生了一些不文明的现象，使杰克感到非常遗憾。今天的口语课上，杰克先给学生们准备了一个小测验，要求同学们独立完成。可是，他发现一个学习不错的学生居然偷看同桌的答案。虽说这不是一次正式考试，但杰克不能原谅这种弄虚作假的行为。

杰克十分严厉地批评了他，那个学生十分尴尬，惭愧地低下了头。

杰克心里明白，自己这样做，并不是故意让他的学生难堪，而是为了教育学生。杰克听说，最近校长刚刚开除了两名在考试中作弊的学生。为了防止将来自己的班上出现类似的问题，他今天必须采取强硬的态度。

根据原来的安排，今天的课应该讨论"英语中的文化因素"，杰克想借这个机会，启发学生思考一些在他看来更重要、更现实的问题，因此，他把讨论题目临时改成了"如何看待校园中的不文明现象"。

这个题目引起了同学们广泛的兴趣，大家七嘴八舌地议论了起来。除了考试作弊以外，同学们还列举了其他种种不应该发生在文明校园的现象。比如，在食堂排队买饭时，总有人加塞儿；教室的课桌常被当作倾诉情感的对象，留下了诗歌、散文等"课桌文学"；宿舍盥洗室的水龙头经常出现"哗、哗、哗"的常流水；某些谈恋爱的大学生，在公共场合也不管不顾，做出过分亲热的动作。

尽管这些都是个别现象，但同学们都认为，这类现象影响很坏，必须引起充分的注意。在杰克的启发下，同学们的讨论越来越深入，也越来越热烈。不少同学对如何加强个人修养、提高自身的素质发表了很好的意见。

下课的铃声早就响了，发言仍在继续着。杰克觉得今天的课同学们都挺能说，口语表达能力似乎又有新的提高，对此他十分满意。然而，更让他高兴的是，他对校园里最近发生的一些现象的看法引起了学生们的共鸣。他相信他的每一个学生都会像他一样，为杜绝校园里的不文明举止、维护学校的声誉而贡献出自己的一份力量。

 词语 New Words

杜绝	（动）	dùjué	to stop
现象	（名）	xiànxiàng	phenomenon
名牌	（名）	míngpái	famous brand
任教		rèn jiào	to work as a teacher
良好	（形）	liánghǎo	good
气氛	（名）	qìfēn	atmosphere
感染	（动）	gǎnrǎn	to affect
大学生	（名）	dàxuéshēng	university student
勤勤恳恳	（形）	qínqínkěnkěn	diligent and conscientious
奋发向上		fènfā xiàngshàng	to exert oneself in making progress
勤奋	（形）	qínfèn	hard working
好学	（形）	hàoxué	eager to learn
刻苦	（形）	kèkǔ	hardworking
幸运	（形）	xìngyùn	lucky

遗憾	（形）	yíhàn	pity, sorry
口语课	（名）	kǒuyǔkè	oral class
测验	（动）	cèyàn	to test
要求	（动、名）	yāoqiú	to require, request
独立	（动）	dúlì	to be independent
居然	（副）	jūrán	unexpectedly
同桌	（名）	tóngzhuō	fellow student sharing the same desk
答案	（名）	dá'àn	key to questions
虽说	（连）	suī shuō	although
正式	（形）	zhèngshì	formal
弄虚作假		nòng xū zuò jiǎ	to resort to deception
行为	（名）	xíngwéi	behaviour
严厉	（形）	yánlì	severe
批评	（动）	pīpíng	to criticize
尴尬	（形）	gāngà	embarrassed
惭愧	（形）	cánkuì	ashamed
故意	（副）	gùyì	purposely
难堪	（形）	nánkān	to put somebody embarrassed
刚刚	（副）	gānggāng	just
开除	（动）	kāichú	to expel from
作弊		zuò bì	to be fraudulent in an examination, to cheat in an examination
防止	（动）	fángzhǐ	to prevent

将来	（名）	jiānglái	future
班上	（名）	bānshang	class
类似	（动）	lèisì	be similar to
强硬	（形）	qiángyìng	tough
因素	（名）	yīnsù	element, factor
抓住	（动）	zhuāzhù	to seize hold of
启发	（动）	qǐfā	to inspire
思考	（动）	sīkǎo	to think deeply
题目	（名）	tímù	topic
临时	（形）	línshí	at the time of the occurrence
改	（动）	gǎi	to change
看待	（动）	kàndài	to look upon
广泛	（形）	guǎngfàn	wide
兴趣	（名）	xìngqù	interest
七嘴八舌		qī zuǐ bā shé	all talking at once
议论	（动）	yìlùn	to discuss
列举	（动）	lièjǔ	to list, to cite
加塞儿		jiā sāir	to jump a queue
课桌	（名）	kèzhuō	desk
倾诉	（动）	qīngsù	to pour out
情感	（名）	qínggǎn	feeling, sentiment
对象	（名）	duìxiàng	object
诗歌	（名）	shīgē	poet

散文	（名）	sǎnwén	prose
盥洗室	（名）	guànxǐshì	closet
水龙头	（名）	shuǐlóngtóu	tap
哗	（象声）	huā	gurgling
恋爱	（动）	liàn'ài	to love (between a man and a woman)
公共场合		gōnggòng chǎnghé	public places
不管不顾		bùguǎn búgù	to care about nothing
亲热	（形）	qīnrè	intimate
动作	（名）	dòngzuò	action
类	（名、量）	lèi	kind, sort
深入	（动、形）	shēnrù	to deepen, deep going
热烈	（形）	rèliè	warm, enthusiastic
加强	（动）	jiāqiáng	to strengthen
个人	（名）	gèrén	individual
素质	（名）	sùzhì	quality
下课		xià kè	to finish a class
早就	（动、名）	zǎojiù	long ago
响	（动）	xiǎng	to ring
发言		fāyán	speak
能说	（形）	néngshuō	eloquent
表达	（动）	biǎodá	to express
似乎	（副）	sìhū	to seem, as if
共鸣	（名）	gòngmíng	sympathetic response

举止	（名）	jǔzhǐ	manner
维护	（动）	wéihù	to defend
声誉	（名）	shēngyù	reputation

 注释 *Notes*

一、一所有近百年历史的名牌大学

"近百年"，意思是接近一百年。"近"，动词，表示接近某事物、处所、数字或时间等。例如：

"近百年" means "nearly one hundred years". The verb "近" indicates "be close to a certain object, place, amount or time", e.g.:

（1）来这儿参观的已近两千人。

（2）近市中心，高楼越来越多。

二、杰克不能原谅这种弄虚作假的行为

成语"弄虚作假"，指用虚假的手段欺骗人。例如：

The idiom "弄虚作假" means "cheat or resort to deception", e.g.:

（1）这个人的话不能相信，他喜欢弄虚作假。

（2）干什么事都不能弄虚作假。

三、大家七嘴八舌地议论了起来

成语"七嘴八舌"，意思是"你一句，我一句"，形容人多嘴杂。例如："请你们一个人一个人地说，七嘴八舌，我一句也听不清楚。"

The idiom "七嘴八舌", literally seven mouths and eight tougues, indicates that everybody expreses their opinions at the same place and same time, which is usually very chaotic, e.g.: "请你们一个人一个人地说，七嘴八舌，我一句也听不清楚。"

汉语中还有很多"七……八……"格式的成语或四字词语，如"七手八脚"（形容动作忙乱）、"七长八短"（形容长短不整齐）、"七上八下"（形容心里慌乱不安）、"七高八低"（形容高低不平或高矮不一）等。

In Chinese there are many idioms or four-character expressions created by "七……八……" such as "七手八脚"(many people bustling about),"七长八短" (of different length), "七上八下" (be perturbed), "七高八低" (of various height) etc..

四、在食堂排队买饭时，总有人加塞儿

口语"加塞儿"，表示不守秩序，为了取巧而插进排好的队中。例如："请你到后面排队去，别在这儿加塞儿。"

"加塞儿" is a colloquial expression, meaning "jump a queue", which is against the rule and at the expense of other's interest and convenience, e.g.: "请你到后面排队去，别在这儿加塞儿。"

五、在公共场合也不管不顾

这句话是批评有些大学生，在公共场合做出有碍观瞻的举动。这里，四字格式"不管不顾"，指不顾及（旁人的看法）或不考虑（后果、影响）。

The sentence is meant to criticize some university students, whose public conducts is against the social norm. The four-character expression "不管不顾" is used to express one's incosideration of the consequence or effects caused by misconducts.

汉语中，"不"打头的成语或四字格式很多，如："不三不四"（形容不规矩、不正派）、"不声不响"（形容不出声音）、"不见不散"（不见面就不离开）、"不翼而飞"（比喻突然丢失）、"不可收拾"（形容无法挽回）等。

In Chinese there are a great number of idioms or four character expressions started with "不", e.g.: "不三不四" (dubious or disgraceful or indencent), "不声不响" (quiet), "不见不散" (wait until one sees the other), "不翼而飞" (missing without trace), "不可收拾" (unreversable), etc.

词语例解 *Words Study*

一、居然

副词"居然"，表示事情超乎常理，出人意料。作状语。可以用于好的方面，也可以用于坏的方面。

The adverb"居然", meaning "beyond one's expectation", can be complimentary or derogtary as an adverbial.

1. 用于好的方面，指"不容易，不可能这样而这样"，有赞赏的意味。例如：

Used in a complimentary sense, it means "unexpectedly", expressing one's appreciation or satisfaction, e.g.:

（1）没想到，我居然得了冠军。

（2）这么高，居然还有人敢往下跳。

（3）一个失过两年学的小姑娘，现在居然考上了大学。

2. 用于坏的方面，指"不应该这样而这样"。例如：

Used in a derogatory sense, it means "go so far as", e.g.:

（4）他以前学习非常棒，现在居然成了全班成绩最差的一个。

（5）你居然敢骂我，别忘了，我是你父亲。

（6）我在医院呆了一个月，居然没有一个人来看我。

（7）他居然连校长的话都不相信。

二、故意

形容词"故意"，表示有意识地（那样做），作状语。例如：

The adjective"故意", meaning "on purpose or intentional", functions as an adverbial, e.g.:

（1）他知道我不喜欢吃鱼，可他故意让我吃。

（2）他怕我生气，故意不告诉我真实的情况。

（3）她见我来了，故意转过身去，不看我。

（4）对不起，我不是故意撞你的。

（5）我不是故意让你难堪，我是觉得你这样做太不应该了。

（6）老师故意说得很快，试试大家听得懂听不懂。

三、根据

介词"根据"，表示以某事物或动作、语言等为前提或依据。"根据"组成的介词结构作状语，多放在句首。例如：

The preposition "根据", meaning "according to", forms a prepositional phrase as an adverbial preceding a sentence. It expresses the precondition of an action, e.g.:

（1）根据大家的要求，老师又讲了一遍。

（2）根据目前的情况，他的病至少半年才能好。

（3）根据同学们提出的问题，杰克又帮助大家复习了一遍。

（4）根据我的了解，这个人没什么能力。

（5）根据这篇报告来判断，那个地方情况非常严重。

四、临时

1. "临时"作形容词用时，表示暂时、短期或非正式的。例如：

As an adjective, "临时" means "temporary or for a short term or informal", e.g.:

（1）这是一个临时的课堂。

（2）这个国家组成了一个临时政府。

（3）这次安排只是临时的。

（4）这是一次临时决定。

2. "临时"作副词用时，表示临到事情发生的时候。例如：

As an adverb, "临时" means "before something is going to happen", e.g.:

（5）你平时不努力，现在该考试了，临时复习哪儿来得及？

（6）他最初打算去上海，临时改了主意。

（7）杰克把讨论题目临时换了。

（8）现在先这样，到时候再根据情况临时做决定。

五、过分

形容词"过分"表示说话或做事不适当地超过一定程度或限度。可以作谓语、定语、补语或状语。例如：

The adjective "过分" indicates that the speech or action is improperly "excessive" or "over-reacted", functioning as a predicate, an attributive, a complement or an adverbial, e.g.:

（1）你这样做太过分了。

（2）他做出这样的坏事，大家骂他一点也不过分。

（3）他的举止从来也没有过分的地方。

（4）别说了，说得太过分，大家都不喜欢听。

（5）这里的工作过分紧张，你要小心自己的身体。

（6）老师的要求也许过分严格，学生们根本达不到。

六、似乎

副词"似乎"意思是"好像"，书面语，在句中作状语。例如：

"似乎", as an adverb meaning "as if" acts as an adverbial in a written sentence, e.g.:

（1）这里的天气似乎比我家乡暖和多了。

（2）他似乎没听见我说什么，眼睛看着外面。

（3）似乎没人注意到她今天穿得很漂亮。

（4）听口音，您似乎是上海人。

（5）事情过去很多年了，但想起来，似乎就发生在昨天。

 ## 语法 *Grammar*

一、以"虽说"关联的复句
A Complex Sentence Correlated with "虽说"

连词"虽说"，意思同"虽然"、"尽管"一样，用在转折复句中。一般放在前一分句的主语前或主语后，后一分句常有"但是"、"可是"、"却"等词语呼应。例如：

The conjunction "虽说", similar to "虽然" and "尽观", is used in an adversative complex sentence. It goes immediately before or after the subject of the preceding clause with words such as "但是", "可是" or "却" to correspond to "虽说" in the following clause, e.g.:

（1）虽说我们刚刚认识，但是似乎我们已经都很了解了。

（2）虽说大家的口语还不太好，但讨论却非常热烈。

（3）今天的测验虽说不是正式考试，可是弄虚作假也不行。

（4）他虽说只有二十岁，然而却很有经验。

（5）校园里虽说有一些不文明的现象，但是总的来说，气氛还不错。

二、"在……下"格式　The Pattern "在……下"

介词"在" + 名词性短语 + "下"，构成"在……下"的格式，可作状语，表示条件。例如：

"在" as a preposition in the adverbial structure "在……下" can denote the condition for a sentence. Usually, there is a noun phrase between "在" and "下", e.g.:

（1）在大家的帮助下，他认识了自己的错误。

（2）小杨静在玛丽的资助下，读完了小学。

（3）在杰克的启发下，同学们讨论得非常热烈。

（4）孩子在父母的鼓励下，完成了作业。

（5）在老王的正确领导下，去年的工作很顺利。

三、构词法："能" + 动词　Word Formation："能" + Verb

助动词"能"后面加上某些动词（一般为单音节）构成的词语，往往表示有很强的能力做（某事）。例如：

The combination of the modal verb "能" and a verb (often a monosyllabic one) bears the meaning of "be capable of doing something", e.g.:

"能"＋"干"→能干

"能"＋"说"→能说

再如："能笑"、"能玩"、"能吃"、"能喝"、"能睡"、"能打"、"能跑能跳"。

Same expression is also found in "能笑"，"能玩"，"能吃"，"能喝"，"能睡"，"能打" and "能跑能跳".

这孩子从小就能吃。

（意思是胃口好，吃得多。The child has a good appetite since his birth.）

四、介词"对"的用法　The usage of the Preposition "对"

介词"对"主要有两种用法：

The preposition "对" can mainly be used in two ways:

1. 指出动作的对象，有"朝"、"向"的意思，组成介宾词组作状语。例如：

It indicates the object of an action, meaning "toward", often used to form a prepositional phrase as an adverbial, e.g.:

（1）他对我笑了笑，什么也没说。

（2）你刚才对他说了什么？他那么不高兴。

（3）我应该对他表示感谢。

2. 表示对待，可以指人也可以指物。组成介宾词组作状语或定语。例如：

It also means "towards" or "with", used to form a prepositional phrase as an adverbial or attributive, e.g.:

（4）张老师对同学们非常好。

（5）大家对他非常尊敬。

（6）玛丽对这个问题很感兴趣。

（7）杰克对校园里的不文明现象感到很生气。

（8）经过这件事，三木由子改变了对人、对社会的某些看法。

 练习 *Exercises*

一、熟读下列词语

1. 引起兴趣　　引起重视　　引起注意　　引起争论　　引起议论
　引起共鸣

2. 个别人　　　个别学生　个别领导　个别现象　个别情况
　很个别　　　个别行为　极其个别　十分个别

3. 加强修养　加强教育　加强团结　加强帮助　加强管理
　加强改造　加强锻炼　加强练习

二、用指定词语与下列词语造句

例：虽说……但（是）……

　　正式考试　　作弊的行为
　　虽说这不是正式考试，但老师也不能原谅这种作弊的行为。

1. 名牌大学　　　　　不文明的现象
2. 个别现象　　　　　影响很坏
3. 不是她女儿　　　　把资助杨静上学当作自己的责任和义务
4. 困难很多　　　　　克服了困难，就能取得优秀成绩
5. 满头白发　　　　　行动灵活，毫无老态
6. 有一定的了解　　　有些问题也不很清楚

例：在……下

　　启发　讨论
　　在老师的启发下，同学们的讨论越来越深入。

1. 帮助　　　进步
2. 帮助　　　认识

3. 资助　　　完成了小学学业

4. 教育　　　学会了做人

5. 启发　　　回答出

例：根据

安排　　讨论

根据原来的安排，今天的课应该是讨论课。

1. 天气预报　　　雨

2. 安排　　　　参观

3. 安排　　　　举办

4. 调查　　　　教育方式落后

5. 意见　　　　安排

三、用指定词语完成句子

1. 他是一个学习不错的学生，但考试时＿＿＿＿＿＿＿＿。（居然）

2. 杰克是外国人，＿＿＿＿＿＿＿＿。（居然）

3. 杨静是个农村的穷孩子，＿＿＿＿＿＿＿＿。（居然）

4. 这个孩子＿＿＿＿＿＿＿＿。（似乎）

5. 看样子，他＿＿＿＿＿＿＿＿。（似乎）

6. 小姑娘把小包送到由子家，由子＿＿＿＿＿＿＿＿。（对……）

7. 杰克＿＿＿＿＿＿＿很感兴趣。（对……）

8. 家庭的变化＿＿＿＿＿＿＿＿有很大影响。（对……）

9. 根据学生的要求，＿＿＿＿＿＿＿＿。（临时……）

10. 平时不努力，考试前＿＿＿＿＿＿＿是来不及的。（临时……）

四、按照汉语的词序将下列词语组成句子

1. 讨论情况　老师　把　题目　根据　临时　改变　一下　了

2. 他　似乎　有了　口语水平　的　提高　一些

3. 非常 同学们 参观 对 这次 满意 的

4. 我们 老师 的 对 一点儿 不过分 也 批评

5. 在 下 任务 共同努力 我们的 大家的 完成得 又快又好

五、用汉语解释下列词语

1. 名牌 ——

2. 任教 ——

3. 作弊 ——

4. 加塞儿 ——

5. 开除 ——

六、根据课文内容判断下列句子的意思是否正确

1. 杰克所在的大学已有 100 年的历史了。 （ ）

2. 尽管学校有一些不文明现象，但总的情况是不错的。 （ ）

3. 作弊的学生学习都不好。 （ ）

4. 这个学生是第一次作弊，杰克原谅了他。 （ ）

5. 校长把杰克的学生开除了。 （ ）

6. 杰克改变讨论题目是为了提高学生的口语表达能力。 （ ）

7. 同学们对学校的不文明现象也有意见。 （ ）

七、讨论题

1. 考试作弊对不对？为什么？

2. 杰克批评考试作弊的学生对不对？为什么？

3. 学校开除两名考试作弊的学生对不对？为什么？

4. 你们学校有没有课文中提到的不文明现象？

阅读课文 Reading Text

教孩子学会同情

一天，老师用十分沉重的声音对小学生们说："昨天，我们班小强同学的爷爷得了重病。"老师告诉大家这件事的目的是让大家都来同情、安慰小强，可万万没有想到，他刚一说完，几个同学竟笑起来……

究竟是什么使孩子们变得这样冷漠、残酷呢？

原来小强是班里学习最好的学生，学校几次举行数学比赛，他都得了第一名，于是，班上几个小朋友就对他有些嫉妒，希望他遇到一件什么倒霉的事儿，那样，他就不会老得冠军了。一听说他爷爷病了，这几个孩子想到一起去了：小强学习好是因为有一个当教授的爷爷在家里辅导他，现在教授爷爷一病，再没人辅导他了，他以后学习就不会那么棒了，考试、比赛也就不会总是得第一了，因此，他们就"情不自禁"地笑起来。

这种"人哭我笑"的事，在现在的学生中并不是一件两件。叫人十分担心的是，这种现象反映出的那种可怕的心理并没有引起人们足够的重视。

不错，我们需要成千上万的人才，但是我们首先需要的是成千上万的人。人与动物的一个重要区别就是人有同情心和爱心。一个根本不知道关心别人、爱护别人的人肯定会产生阴暗的心理。

我们的祖先曾经说过，"恻隐之心，人皆有之"，意思是人人都知道同情别人。然而今天，"恻隐之心"好像已经不是"人人都有"了，不用说大人，就是孩子中的冷漠、自私、残酷就实在让人感到太可怕了。

　　目前，一个十分严重的现象，就是某些从事教育的人对于什么是人才的看法存在问题，把智力、分数看得比什么都重要，而忽视了"同情人"、"关心人"等人性、人格的教育。新世纪的人需要有竞争的能力，但这种竞争能力应该以健康的心理作为基础，一个人是不是有同情心、爱心等美好的情感也就反映了他是否具有健康的心理。如果人人都没有了同情心、爱心，那么，我们这个社会将会成为什么样子？

　　创造一个教孩子学会同情人、爱护人、关心人的环境和气氛，不仅是教师的责任，而且也是所有大人们的责任。人性和人格的教育只靠语言是不行的，更重要的是靠教育者和所有大人们自己的行为。那么，今天，我们能让孩子们觉得大人们是有同情心和爱心的吗？

 阅读课文词语表 *Vocabulary for the Reading Text*

沉重	（形）	chénzhòng	heavy
安慰	（动）	ānwèi	to comfort
嫉妒	（动）	jídù	to envy
冠军	（名）	guànjūn	champion
辅导	（动）	fǔdǎo	to give a tutorial
情不自禁		qíng bú zì jīn	cannot but
关心		guān xīn	to care for

爱护	（动）	àihù	to take good care of
阴暗	（形）	yīn'àn	dark
恻隐之心		cèyǐn zhī xīn	sense of pity
皆	（副）	jiē	all
冷漠	（形）	lěngmò	indifferent
自私	（形）	zìsī	selfish
残酷	（形）	cánkù	cruel
分数	（名）	fēnshù	mark
忽视	（动）	hūshì	ignore
人性	（名）	rénxìng	human nature
人格	（名）	réngé	moral quality
新世纪		xīn shìjì	new century
美好	（形）	měihǎo	beautiful
所有	（形）	suǒyǒu	all

 阅读练习 *Exercises for the Reading Text*

一、根据课文选择唯一恰当的答案

1. 老师告诉小学生们那个坏消息，心想孩子们一定会表示（　　）

　　A. 同情　　　　B. 高兴　　　　C. 不理解　　　　D. 不关心

2. 学生们的表现让老师感到十分（　　）

　　A. 难堪　　　　B. 担忧　　　　C. 自豪　　　　D. 惊喜

3. 那几个孩子为什么老盼着班上学习最好的那个学生遇到倒霉事儿？
（　　）

　　A. 因为他老跟他们作对　　　　　B. 因为他不爱帮助别人
　　C. 因为他考试时老作弊　　　　　D. 因为他们非常嫉妒他

4. 作者认为，目前最重要的是让孩子们知道（　　）
　　A. 如何学习　　　　　　　　　　B. 如何做人
　　C. 什么是智力　　　　　　　　　D. 什么是健康

5. 可以感觉出来，作者写这篇文章的时候，心情比较（　　）
　　A. 悲痛　　　　　B. 高兴　　　　　C. 沉重　　　　　D. 放松

二、想一想，说一说

1. 老师告诉孩子们一件什么事儿？有几个孩子做出了怎样的反应？

2. 那几个孩子是怎么想的？他们为什么要笑？

3. 这篇文章主要谈教育问题，你对目前的教育问题有什么看法？

第十课 Lesson 10

课文 *Text*

电脑——改变人类生活的"天使"
Computer—An Angel Who Changes Our Lifestyle

现在电脑已经非常普及，但多年前可不是这样，杰克想起过去办电脑培训班的经历来：

十年前，杰克是个"电脑迷"。他虽然不是计算机专业毕业的，但在学生和朋友们的心目中，他简直就是个电脑专家。谁想买电脑，总是先找杰克问问；谁遇到了电脑方面

的问题，也少不了要向杰克请教。杰克总是耐心解答，从来不嫌麻烦。

后来，买电脑的朋友越来越多，纷纷跑到杰克这儿求教，问的问题五花八门，真让杰克有点儿应付不过来了。杰克心想，还不如给他们办一个业余培训班，集中培训培训，教室就设在自己家里，不过学费他是不收的。

那天是培训班的第一节课，杰克想，刚买来电脑的人最想知道的就是电脑都有什么用，都能干什么事，所以第一节课就回答这方面的问题，题目就叫"电脑——改变人类生活的'天使'"。

至今，杰克对那节课都印象深刻。

"从世界上第一台电子计算机问世到今天，已经整整60多年了。半个多世纪以来，以电子计算机为标志的现代信息技术革命，改变着世界的面貌，也改变着人们的交流方式、休闲方式、学习方式和工作方式，并将把人类生活带进一种崭新的境界。"

"电脑怎样改变着人们的生活呢？首先我们看看电脑进入家庭以后，人们的工作方式和生活方式的变化。电脑进入家庭以后，人们可以通过网络在家里上班，秘书和专业人员可以在家里工作。这样既节省了交通工具所消耗的能源，减少了交通堵塞，又减少了环境污染。"

大家被杰克的演讲吸引住了，他们在买电脑的时候，只是想到用它来打打字、写写文章，没想到电脑还有这么多的用处。有的人用电脑听音乐，看电影，知道"多媒体"这个词可"多媒体"究竟是怎么回事，并不很清楚，于是向杰克提问。

杰克讲道："多媒体技术是计算机技术、声像技术和通信技术融为一体的技术，最近这些年发展非常迅速。专家预言，不远的将来，多媒体产品可以代替多种家用电器，并进入一般老百姓家里，给人们的工作和生活带来更多的方便。"

杰克举了具体的例子说明多媒体技术，"有了多媒体技术，可视电话早在几年前就研制出来并且产品已经上市。有了可视电话以后，人们在世界的任何地方、任何时间可以互相通话。通话者不仅能听到对方的声音，而且能看到对方的影像。这就是多媒体技术的典型应用。"

杰克觉得说起多媒体给人们带来的方便，再讲两个小时也讲不完，不过，时间有限，那节课也结束了。他总结说："电脑就像善解人意的'天使'，它的特点之一就是与人'心心相通'。将来人们只要通过口述、手摸屏幕的方式，就可以方便地告诉电脑想做的事情，它会实现我们的任何要求。"

如今，再回想十年前，不得不感叹计算机信息技术的发展是多么快啊！

词语 New Words

电脑	（名）	diànnǎo	computer
天使	（名）	tiānshǐ	angel
电脑迷	（名）	diànnǎomí	computer fan

简直	（副）	jiǎnzhí	simply
请教	（动）	qǐngjiào	to ask for advice
耐心	（形）	nàixīn	patiently
解答	（动）	jiědá	to answer
从来	（副）	cónglái	always
嫌	（动）	xián	to complain about
求教	（动）	qiújiào	to seek advice
五花八门		wǔ huā bā mén	multifarious
应付	（动）	yìngfù	to deal with
心想		xīnxiǎng	to think
业余	（形）	yèyú	part time
培训班	（名）	péixùnbān	training class
培训	（动）	péixùn	to train
设	（动）	shè	to establish
节	（量）	jié	period
台	（量）	tái	a measure word
电子	（名）	diànzǐ	electron
问世	（动）	wènshì	to come into being
整整	（形）	zhěngzhěng	fully, completely
标志	（动、名）	biāozhì	to symbolize, symbol
面貌	（名）	miànmào	appearance
休闲	（形）	xiūxián	leisure time
崭新	（形）	zhǎnxīn	brand new

境界	（名）	jìngjiè	state, realm
网络	（名）	wǎngluò	network
秘书	（名）	mìshū	secretary
节省	（动）	jiéshěng	to save
交通工具	（名）	jiāotōng gōngjù	means of transportation
消耗	（动）	xiāohào	to consume
能源	（名）	néngyuán	sources of energy
堵塞	（动）	dǔsè	to block up
环境污染	（名）	huánjìng wūrǎn	environmental pollution
演讲	（动）	yǎnjiǎng	to make a speech
吸引	（动）	xīyǐn	to attract
打字	（动）	dǎ zì	to typewrite, to type
用处	（名）	yòngchu	use
多媒体	（名）	duōméitǐ	multimedia
提问	（动）	tíwèn	to ask a question
技术	（名）	jìshù	technique
声像	（名）	shēngxiàng	sound and picture
通信	（名）	tōngxìn	to communicate
融为一体		róngwéiyìtǐ	to combine into one
迅速	（形）	xùnsù	quick
预言	（动）	yùyán	to predict
产品	（名）	chǎnpǐn	product

多种		duōzhǒng	all sorts
家用	（形）	jiāyòng	for home use
电器	（名）	diànqì	electrical equipment
举	（动）	jǔ	to hold
可视电话	（名）	kěshì diànhuà	visible telephone
上市		shàng shì	to go on the market
通话	（动）	tōnghuà	to communicate by telephone
对方	（名）	duìfāng	the other side
总结	（动）	zǒngjié	to sum up
善解人意		shàn jiě rén yì	be understanding and considerate
心心相通		xīn xīn xiāng tōng	to have mutual affinity
口述	（动）	kǒushù	to give an oral account
屏幕	（名）	píngmù	screen
讲课		jiǎng kè	to teach

注释 Notes

一、杰克是个电脑迷

"迷"作动词时，指对某人某物过于爱好而沉醉；作名词时，则指沉醉于某一事物的人。又如，"足球迷"、"京剧迷"、"电影迷"、"舞迷"等。

As a verb, "迷" means "be crazy about" or "lost in something". As a noun, it is equal to the English word "fan". Examples are "足球迷", "京剧迷", "电影迷", "舞迷", etc.

二、谁遇到了电脑方面的问题，也少不了要向杰克请教。

这句话意思是，"大家如果有电脑方面的问题，肯定都来问杰克。"

The above sentence means "Anybody with questions about the computer will come to Jack for advice".

"少不了"，意思是"不能缺少"、"不可避免"。又如，"做这件事，少不了您。""我刚来这儿，以后少不了麻烦您。"

"少不了" means "cannot do without" or "unavoidable". For example，"做这件事，少不了您。""我刚来这儿，以后少不了麻烦您。"

"请教"，意思是"请求指教"，是客套话。常说"向……请教"。又如，"有个问题想向您请教请教。"

"请教"，meaning "ask for advice"，is a polite formula. The similar expression is "向……请教"，e.g.，"有个问题想向您请教请教。"

三、问的问题五花八门

成语"五花八门"，比喻花样繁多或变化多端。

The idiom "五花八门" carries the figurative meaning of "a wide variety".

汉语中"五"打头的成语不少，例如："五光十色"（形容色彩鲜艳繁多）、"五颜六色"（形容颜色很多）、"五湖四海"（指全国各地或世界各地）等。

In Chinese there are many idioms started with "五"，e.g., "五光十色" (bright with various colours)，"五颜六色" (colourful) and "五湖四海" (all corners of the land, cosmopolitan), etc.

四、电脑都有什么用

"用"，在这儿指"用处"或"功能"。常说："有用"、"没用"、"有什么用"、"没什么用"等。又如，"他觉得汽车在这个城市没什么用，所以一直没买。"

Here "用" means "use" or "function" as in "有用" (useful)，"没用" (useless)，"有什么用" (what function does it have)，"没什么用" (useless or pointless), etc., e.g., "他觉得汽车在这个城市没什么用，所以一直没买。"

五、有了多媒体技术，可视电话早在几年前就研制出来并且产品已经上市 。

这是一个表示因果关系的复句，前一个分句表示原因（可以理解成是省略了连词"由于"、"因为"等），后一分句表示结果。又如：

The above sentence is a cause-and-effect complex sentence in which the first clause (possibly with an omitted conjunction "由于" or "因为") indicates the cause whereas the second shows the result, e.g.:

（1）有了钱，他可以继续上学了。

（2）有了照相机，他就可以照相了。

六、它的特点之一就是与人"心心相通"

"与"在这儿是介词，意思同"跟"一样，用来引进动作的对象，用于书面语。例如，"我们要与他们一起讨论这个问题。"

Here "与", the same as "跟", is used as a preposition to introduce the object of an action in written Chinese, e.g., "我们要与他们一起讨论这个问题。"

"心心相通"，比喻互相理解、心意沟通。又如，"他们俩相爱多年，可以说心心相通了。"

"心心相通" means "have mutual affinity" or "have mutual understanding", e.g., "他们俩相爱多年，可以说心心相通了。"

词语例解 Words Study

一、简直（副词 adverb）

副词"简直"用来强调"完全如此"或"差不多如此"，含有夸张语气。例如：

The adverb "简直", used for emphasis with an exaggerative tone, means "totally" or "almost", e.g.:

（1）这张画简直像真的一样。

（2）现在如果不会电脑，简直就干不了办公室工作。

（3）他这个人就是这样，我对他简直没办法。

（4）那个地方简直太美了。

"简直"后可加"是"字，"是"后面可以是名词、动词或形容词。例如：

"简直"can be followed with the word "是"，which precedes a noun, a verb or an adjective, e.g.:

（5）他不是在走，简直是在跑。

（6）杰克简直是个电脑迷。

（7）我这些天简直是太忙了。

"简直"也可以放在"得"字句中。例如：

It can also be used in a sentence with "得", e.g.:

（8）她简直笑得上气不接下气了。

（9）我累得简直一句话也不想说。

（10）前几天，雨下得简直大极了。

二、嫌（动词 verb）

"嫌"表示厌恶、不满意。多用于口语。可带兼语。例如：

"嫌", often for colloquial use, is used to expression one's dislike or dissatisfaction. It can take a pivotal phrase or sentence, e.g.:

（1）这工作他嫌累，不愿意干。

（2）我肯定还得找你，你可别嫌麻烦啊。

（3）她嫌不干净，不吃。

（4）您要嫌贵，您就别买。

（5）他自己不好好复习，还嫌考试太难。

（6）她嫌他个子矮，不愿意做他的女朋友。

（7）姐姐嫌那个公司工资太低，没去。

（8）他们嫌这里环境太差，一个一个都走了。

三、纷纷（形容词 adjective）

"纷纷"指众多的人接二连三地发出某种动作或进行某种活动。例如：

"纷纷" denotes a sequence of events. i.e. people do something one after another, e.g.:

（1）今天是她的生日，朋友们纷纷来到她宿舍，祝她生日快乐。

（2）同学们纷纷向张老师请教这个问题。

（3）杰克刚一说完，大家就纷纷议论起来。

（4）今天是开学的第一天，不到七点，家长们就纷纷把孩子送到学校。

（5）人们纷纷发表着对这个问题的看法，会开得很热烈。

（6）今天天气不错，人们纷纷走出家门，来到公园。

四、不如（动词 verb）

"不如"表示比较，指前面所提到的人或事物比不上后面所说的，"A 不如 B"意思就是"A 没有 B 好"。作谓语，可带宾语，宾语可以是名词、代词、动词结构或主谓结构等。例如：

"不如" expresses comparison, i.e. the earlier-noted person or thing is inferior to the later-mentioned one. "A 不如 B" means "A is not as good as B". It functions as a predicate taking an object of noun, pronoun, verbal structure or subject-predicate structure, e.g.:

（1）我的口语不如他。

（2）他的身体不如我好。

（3）今年夏天不如去年夏天凉快。

（4）这本小说不如那本好看。

（5）现在的肉不如以前的好吃。

（6）你明天走不如后天再走。

（7）这儿的菜不好，不如换个地方吃。

（8）你没时间去，不如我帮你带回来。

有时，"不如"前加副词"还"，用在"A 不如 B"的句子中，意思是"B 已经不能令人满意，而 A 连 B 的水平都达不到，就更差了。"表示这种意思时，"还"要轻读。例如：

Sometimes, "不如" is preceded by the word "还". If the structure is used in "A 不如 B", it indicates that B is no good but A is even worse. The word "还" should be read with a light tone, e.g.:

（9）你说你的汉字不好看，可我的汉字还不如你呢。

（10）他的分数不高，我的分数还不如他呢。

五、互相（副词 adverb）

"互相"表示彼此对待的关系，一般只作状语。例如：

"互相", meaning "mutually" or "one another" or "each other" only acts as an adverbial, e.g.:

（1）同学们应该互相帮助，共同进步。

（2）我们刚刚认识，互相还不太了解。

（3）你唱歌，他念英语，不互相影响吗？

（4）这两种东西有相同的作用，但又互相区别。

（5）人与人不应该互相怀疑。

注意："互相"一般不修饰单个的单音节动词。例如，可以说"他们俩互相看了看"或"他们俩互相看了半天"，但不能说"他们俩互相看"。

Points to be noted: Generally speaking, "互相" does not modify an individual monosyllabic verb. For instance, one can say "他们俩互相看了看" or "他们俩互相看了半天", but cannot say "他们俩互相看".

语法 *Grammar*

一、疑问代词表示任指（泛指）
Interrogative Pronouns to Denote General Reference

"谁"、"什么"、"哪"、"哪儿"等疑问代词可以用来任指（泛指）。比如"谁"可以用来代表任何一个人；"什么"可以代表任何一件东西。疑问代词这样用时，并不要求回答，句中常用副词"都"或"也"与之呼应。例如：

Interrogative pronouns such as "谁", "什么", "哪" or "哪儿" can be used for general reference. For instance, "谁" can denote "anybody", and "什么" stands for anything. Such usage of interrogative pronouns does not need an answer. Usually, the sentence may have "都" or "也" to be more coherent or correspond to the pronouns, e.g.:

（1）谁有问题都来找杰克。

（2）谁想买电脑，总是先向他请教。

（3）我吃什么都行，你随便做吧。

（4）你什么时候来我都欢迎。

（5）这两条路远近差不多，你怎么走都行。

（6）不管大家说什么，我也得这么做。

（7）无论是谁，来到这儿都要好好儿学。

（8）不管在哪儿工作，也要认真。

二、趋向补语"过来"的引申用法
The Extended Usage of the Directional Complement "过来"

趋向补语"过来"，本来表示动作使事物改变位置（由远到近）或使事物改变方向（转向立足点），如："前面走过来一个人"。"过来"的引申意义是：

The directional complement "过来" is basically used to indicate the change of position or direction. It can be from a far point to a close one or from an away point to the standing point. e.g., In the sentence, "前面走过来一个人。" "过来" is used in an extended way:

1. 表示时间、能力、数量充分，多作可能补语。例如：

It indicates the sufficiency of time，competency and amount，functioning as a potential complement, e.g.:

（1）大家问的问题太多，杰克有点儿应付不过来了。

（2）这么多事情，你一个人忙得过来吗？

（3）这么多菜，都这么好吃，我都吃不过来了。

（4）老师留了那么多作业，一个晚上根本做不过来。

2. 表示回到原来的、正常的状态。例如：

It expresses the meaning of "back to the norm" or "back to the original state", e.g.:

（5）他睡了三天三夜，现在终于醒过来了。

（6）现在我明白过来了，你那时是对的。

（7）做错了没关系，改过来就好。

三、排比句　Parallel Sentences

排比，是一种常用的修辞方法，它是把几个词组或句子连续排列，这些词组或句子结构相同或相似，语气一致，意义密切相关。排比句语音整齐而又灵活，读起来痛快流畅。下面的句子就是用了排比的修辞手段：

Parallelism is highly frequent in Chinese. It juxtaposes several phrases or sentences, with the same structure or mood. These juxtaposed elements are closely related to each other. Usually, these sentences are so phonetically balanced that they can be read smoothly and rhythmically. The following sentences are written in parallel forms:

（1）信息技术革命，改变着地球的面貌，改变着人们的交流方式、休闲方式、学习方式和工作方式。

（2）这样做，减少了能源消耗，减少了交通堵塞，减少了环境污染。

（3）他学电脑，学外语，学开车，早上学，中午学，晚上学，总之，什么都学，什么时间都学。

（4）他没有父母，没有朋友，没有工作，没有事业，没有爱情，什么都没有。

四、用"再……也……"关联的紧缩句
A Contracted Sentence Correlated with "再……也……"

汉语中紧缩句很多，有些是用成对的关联词语构成的固定格式，如我们学过的"越……越……"格式、"不……不……"格式等。

There are many contracted sentences in Chinese. Some of them are correlated with a word and its repeated form as in the patterns "越……越……" and "不……不……", which we have discussed previously.

"再……也……"格式，一般表示让步关系。第一个谓语常为动词结构或形容词结构，第二个谓语多为动词结构。例如：

A sentence in the pattern of "再……也……" often indicates a concession. The first predicate is mostly performed by a verbal structure or an adjective one, and the second predicate is generally expressed by a verbal structure, e.g.:

（1）这个问题再讲两个小时也讲不完。

（2）那儿的东西再好我也不买。

（3）你现在再困难也要坚持。

（4）你再有钱也不如他有钱。

（5）放心，再高我也能爬上去。

（6）你再解释我也不能原谅你。

（7）一个人再聪明也有出错的时候。

（8）别说了，再说我也不会同意。

练习 *Exercises*

一、熟读下列词语

1. 电脑迷　电影迷　电视迷　舞迷　京剧迷　球迷　棋迷

2. 减少交通堵塞　　　减少污染　　　减少人口　　　减少数量

   减少人员　　　　　减少时间　　　减少麻烦　　　减少费用

   减少生活费　　　　减少工作量　　减少家务

3. 向谁学习　　向谁请教　　向谁道歉　　向谁提问　　向谁笑

   向……借　　向……拐　　向……走　　向……跑　　向……骑

二、完成句子（用疑问代词活用法）

1. 杰克是个电脑迷，_____。（谁）

2. 这个问题很简单，_____。（谁）

3. 杰克来北京很长时间了，他 _____。（哪儿）

4. 他不舒服，_____。（什么）

5. 水是生命之源，_____。（什么）

6. 我 _____，他都不明白。（怎么）

7. 这些老师我_____。（哪）

8. 他无论_____，都很认真。（什么）

9. 从这儿进城，坐 _____。（哪）

10. 这个问题你_____。（怎么）

11. 我家的事情不太多，一个人_____。（过来）

12. 要复习的内容太多了，这么短时间_____。（过来）

13. 谈判以前要准备的工作很多，由子小姐一个人_____。（过来）

14. 我又认真检查了一遍，把写错的_____。（过来）

15. 游览的旅客纷纷向他提问，他真有点儿_____。（过来）

三、将"简直"放在句中合适的位置

1. A 现在 B 不会电脑，C 就 D 干不了秘书工作。

2. A 他 B 高兴得 C 不知道 D 说什么好。

3. 说起来多媒体 A 给人们 B 带来的方便，C 再讲两个小时也 D 讲不完。

4. 我 A 太笨了，B 我 C 学了很长时间电脑 D 也没学会。

5. 朋友买了电脑，A 纷纷跑到杰克那儿求教，B 杰克 C 有点儿 D 应付不过来了。

四、用指定词语改写下列句子

1. 请数一下人数，要是都来了，就开车。　　　　　　（齐）

2. 今天的作业有人没交。　　　　　　　　　　　　　（齐）

3. 你旅行用的东西都准备好了吗?　　　　　　　　　（齐）

4. 他结婚用的东西都买好了，就等办喜事了。　　　　（齐）

5. 去中国留学的手续都办好了。　　　　　　　　　　（齐）

6. 杨静想，虽然我有很多困难，但是我也要把书读好。

（再……也……）

7. 三木由子的丈夫说："自己的事不成功，不能怀疑是别人捣乱。"

（再……也……）

8. 这个问题要是讨论下去，两个小时讨论不完。　（再……也……）

9. 你别说了，你无论怎么说我也不同意你这么做。（再……也……）

10. 他觉得这件事太麻烦，不愿意做。　　　　　　　　（嫌）

11. 他看这件衣服太贵，就没买。　　　　　　　　　　（嫌）

12. 我觉得这个房间靠马路，不安静，所以换了一个房间。（嫌）

13. 小贞的丈夫认为当工人工资太少，所以就辞职经商了。（嫌）

14. 去桂林比去上海好。　　　　　　　　　　　　　　（不如）

15. 这个饭馆儿人太多，咱们还是换个饭馆儿吃吧。　　（不如）

五、用汉语解释下列词语

1. 电脑迷 ——
2. 问世 ——
3. 预言 ——
4. 屏幕 ——

六、根据课文内容判断下列句子的意思是否正确

1. 杰克是学计算机的，他是电脑专家。 （　　）
2. 杰克办了一个电脑培训班，学费很便宜。 （　　）
3. 电子计算机已有 60 年的历史了。 （　　）
4. 电脑标志着现代信息的技术革命。 （　　）
5. 电脑给人们的一切带来了方便。 （　　）
6. 现在有了电脑，人们都在家里上班。 （　　）
7. 大家对电脑的作用都很清楚，只是对多媒体不太了解。 （　　）
8. 多媒体比电脑更方便。 （　　）
9. 现在已有可视电话。 （　　）
10. 多媒体的用处一句话是说不完的。 （　　）

七、讨论题

1. 电脑对我们有哪些好处？举例说明。
2. 多媒体是怎么回事？你能谈多媒体电脑将来的发展趋势吗？

 阅读课文 *Reading Text*

电子报刊能代替传统报刊吗？

最近几年，电脑和通信科学技术的迅速发展，给新闻出版业带来了新的挑战和机会。目前世界上已经有不少报社和杂志社出

版发行了电子报纸和电子杂志，其中有很多是世界著名的报刊。

电子报刊的出现实际上是市场竞争的结果。这几年，报刊出版业面临着电子技术的严重挑战。据说，在美国30岁以下的人中，有70%获得新信息不是通过报纸和杂志，而是通过广播和电视。报刊出版业自身也面临着许多很难克服的困难，例如，纸张、印刷、发行要花的钱越来越多。

电子报刊与传统报刊相比较，有报道时间快、发行效率高、信息容量大等许多优点。电子报纸和电子杂志由编辑们编辑好之后，直接送进电脑网络，读者就可以从自己的电脑上进行阅读，省去了印刷、发行等手续。这种迅速的传送方式，还可以使电子报刊在24小时之内不断地更新内容，不像印刷报刊那样受到时间和版面的限制。今天多媒体科学技术的迅速发展，使电子报刊除了文字，还加上了动画和声音，读者甚至可以通过电脑网络与报刊进行交流。

然而，任何事情的发展，有好的一面，也有不好的一面。目前，电子报刊的发展还受着技术等方面的限制。报纸和杂志的生命在读者那里，电子报刊也一样。从读者数量上看，电子报刊还没办法与传统的印刷报刊相比。

另外，电子报刊的读者，对目前的调阅速度也极不满意。虽然说电子报刊可以直接从编辑部传送到读者家中，然而，读者要将自己想看的内容从电脑里调出来，却由于受到网络的限制而速度很慢，这就不能达到迅速的要求了。虽然这些问题将来一定会解决，但在相当长一段时间内，它们将影响电子报刊读者的增长速度。

从另一个角度看，即使是电子报刊的某些优点，也有可能产生相反的效果。新闻界一些人担心，由于电子报刊可以每天 24 小时随时更新内容，编辑们可能更重视报道的速度，而忽视报道的质量，这样，与广播相比，报刊就会失去自身的特点。对读者来说，可以有选择地调阅自己感兴趣的某一方面内容，比如经济、体育的内容，这当然是件高兴的事。

多数报刊主要靠广告来养活，然而，目前在电子报刊上做广告的商人很少，这当然与读者数量少有关。因此，在广告来源方面，印刷版将对电子版构成直接威胁。不少出版业的人和电脑网络专家研究后认为，电子版报刊虽然在未来会有更大发展，但它只能作为传统的印刷版报刊的补充，而不可能完全代替印刷版报刊。

 阅读课文词语表 *Vocabulary for the Reading Text*

报刊	（名）	bàokān	newspaper and magazine
出版	（动）	chūbǎn	to publish
挑战	（动）	tiǎozhàn	to challenge
报社	（名）	bàoshè	newspaper office
杂志社	（名）	zázhìshè	magazine office
市场	（名）	shìchǎng	market
出版业	（名）	chūbǎnyè	publishing house
以下	（名）	yǐxià	younger than

纸张	（名）	zhǐzhāng	paper
印刷	（动）	yìnshuā	to print
容量	（名）	róngliàng	capacity
优点	（名）	yōudiǎn	good points
编辑	（动、名）	biānjí	to edit, editor
读者	（名）	dúzhě	reader
传送	（动）	chuánsòng	to convey
更新	（动）	gēngxīn	to renew
版面	（名）	bǎnmiàn	layout
数量	（名）	shùliàng	number
相比	（动）	xiāngbǐ	to compare
调阅	（动）	diàoyuè	to find for reading
编辑部	（名）	biānjíbù	editorial department
新闻界	（名）	xīnwénjiè	press circles
广告	（名）	guǎnggào	advertisement
商人	（名）	shāngrén	businessman
来源	（名）	láiyuán	source

 阅读练习 *Exercises for the Reading Text*

一、根据课文选择唯一恰当的答案

　1. 作者认为，电脑和通信技术的发展，对出版业（　　）

　　A. 是很大破坏　　　　　　　B. 是严重挑战

　　C. 影响并不好　　　　　　　D. 影响并不大

2. 电子报刊与传统报刊各有什么优点和缺点？（　　）

  A. 电子报刊发行效率低   B. 传统报刊信息容量大

  C. 电子报刊报道时间快   D. 传统报刊读者比较少

3. 电子报刊的读者们认为，电子报刊的（　　）

  A. 调阅速度不快   B. 内容不太丰富

  C. 图像非常清楚   D. 价格比较便宜

4. 新闻界有一种担心，怕电子报刊的编辑们不重视报道的（　　）

  A. 速度   B. 容量   C. 效率   D. 质量

5. 不少电脑网络专家认为，电子报刊未来（　　）

  A. 发展速度会渐渐地慢下来

  B. 一定会完全代替传统报刊

  C. 能够补充传统报刊的某些不足

  D. 在广告方面不会威胁传统报刊

二、 想一想，说一说

1. 为什么说电子报刊的出现是市场竞争的必然结果？

2. 电子报刊与传统报刊相比较，有哪些优点和缺点？

3. 电子报刊将来会不会完全代替传统报刊？为什么？

部分练习参考答案 Key to Exercises

第一课

四、1. B   2. C   3. B   4. B   5. D

五、1. 大概   2. 可能   3. 可能   4. 大概   5. 可能

     6. 大概

六、1. √   2. ×   3. ×   4. √   5. √

     6. √   7. ×   8. √   9. ×

第二课

二、1. C   2. C   3. C   4. D   5. B

     6. B   7. C   8. D

六、1. ×   2. √   3. ×   4. ×   5. ×

     6. ×   7. √

第三课

三、1. 由   2. 由   3. 被   4. 被   5. 由

     6. 另外   7. 另外   8. 另   9. 另   10. 别的

六、1. C   2. B   3. A   4. B   5. B

七、1. ×   2. ×   3. ×   4. √   5. √

     6. ×   7. √   8. ×

第四课

五、1. ×   2. √   3. ×   4. √   5. √

     6. √   7. √   8. √   9. ×   10. √

第五课

五、1. ×   2. ×   3. √   4. √   5. √

6. ✕　　　7. ✕

第六课
五、1. ✕　　2. ✕　　3. ✕　　4. √　　5. √
6. √　　7. √　　8. √　　9. √

第七课
二、1. 千万　　2. 万万　　3. 千万、千万　　4. 万万
5. 千万　　6. 万万　　7. 万万

1. 经过　　2. 经过　　3. 通过　　4. 经过　　5. 通过
6. 经过　　7. 通过　　8. 经过

1. 在　　2. 住　　3. 住　　4. 下　　5. 在
6. 下　　7. 住　　8. 住、下
五、1. √　　2. √　　3. ✕　　4. ✕　　5. √
6. √　　7. ✕　　8. √　　9. ✕　　10. √

第八课
六、1. ✕　　2. ✕　　3. ✕　　4. √　　5. ✕
6. √　　7. √　　8. √

第九课
六、1. ✕　　2. √　　3. ✕　　4. ✕　　5. ✕
6. ✕　　7. √

第十课
三、1. C　　2. C　　3. C　　4. A　　5. C
六、1. ✕　　2. ✕　　3. √　　4. √　　5. √
6. ✕　　7. ✕　　8. √　　9. √　　10. √

阅读练习参考答案

第一课	1. C	2. B	3. C	4. D	5. C
第二课	1. A	2. B	3. A	4. C	5. D
第三课	1. C	2. D	3. B	4. A	5. C
第四课	1. B	2. D	3. C	4. D	5. A
第五课	1. A	2. C	3. D	4. B	5. C
第六课	1. C	2. A	3. D	4. B	5. D
第七课	1. B	2. C	3. D	4. B	5. D
第八课	1. C	2. B	3. D	4. C	5. A
第九课	1. A	2. B	3. D	4. B	5. C
第十课	1. B	2. C	3. A	4. D	5. C

词语总表　Vocabulary

专名 Proper Nouns

阅读课文词语总表
Vocabulary for the Reading Text

专名 Proper Nouns